PROCÈS

DE

ARMAND LAITY

EX - LIEUTENANT D'ARTILLERIE , ANCIEN ÉLÈVE DE
L'ÉCOLE POLYTECHNIQUE

accusé

DEVANT LA COUR DES PAIRS

Du crime d'Attentat contre la sûreté de l'Etat

COMME AUTEUR DE L'ÉCRIT INTITULÉ :

*Relation historique des Evénements du 30 octobre 1836. — Le
prince Napoléon à Strasbourg.*

CONTENANT :

Faits préliminaires : ARRESTATION DE LAITY , PERQUI-
SITIONS, SAISIES, RÉQUISITOIRE, INTERROGATOIRES, RAPPORT,
ARRÊT D'ACCUSATION, ETC. — **Débats :** INTERROGATOIRES,
RÉQUISITOIRE, DÉFENSES, RÉPLIQUES, ARRÊT.

PARIS

PAGNERRE, ÉDITEUR

RUE DE SEINE, 14 BIS.

1838

PROCÈS

DE

ARMAND LAITY

DEVANT LA COUR DES PAIRS

Imprimerie de Madame PORTHMANN.
Rue du Hasard-Richelieu, 8.

PROCÈS

DE

ARMAND LAITY

EX - LIEUTENANT D'ARTILLERIE, ANCIEN ÉLÈVE DE
L'ÉCOLE POLYTECHNIQUE

accusé

DEVANT LA COUR DES PAIRS

Du crime d'Attentat contre la sûreté de l'Etat

COMME AUTEUR DE L'ÉCRIT INTITULÉ :

Relation historique des Evénements du 30 octobre 1836. — Le prince Napoléon à Strasbourg.

RECUEILLI PAR

B. SAINT-EDME,

AUTEUR DU RÉPERTOIRE GÉNÉRAL DES CAUSES CÉLÈBRES.

PARIS

Chez LANDOIS et Cie, LIBRAIRES,

RUE HAUTEFEUILLE, 14.

1838

PROCÈS DE ARMAND LAITY.

FAITS PRÉLIMINAIRES.

Le 28 octobre 1836, le prince Napoléon-Louis Bonaparte arrive à Strasbourg à dix heures du soir.

Le 29, il voit le colonel Vaudrey, le lieutenant-colonel Parquin, tous les officiers sur le dévouement desquels il croit pouvoir compter ; il discute avec eux les moyens d'entraîner les troupes et d'enlever la place.

Le 30, à cinq heures du matin, le prince se rend au quartier d'Austerlitz, occupé par le 4e régiment d'artillerie ; il se porte ensuite sur le quartier Finkmatt, auprès du 46e de ligne : là on l'arrête, on s'empare de ses officiers, et tous sont conduits à la Prison-Neuve.

Dix jours plus tard, le prince est extrait de sa prison, amené à Paris, conduit à Lorient et embarqué sur la frégate l'*Andromède* pour les Etats-Unis.

Le 6 janvier 1837, les accusés restés au pouvoir de la justice : Vaudrey, Laity, Parquin, de Querelles, de Gricourt, madame Gordon et de Bruc, comparaissent devant la cour d'assises de Strasbourg, et le 18 ils sont tous acquittés et mis en liberté.

Dix-huit mois s'étaient écoulés depuis ces événements lorsque, le 16 juin 1838, l'imprimeur Thomassin déposa à la direction de la librairie les deux exemplaires d'usage d'une brochure de 95 pages, intitulée : RELATION HISTORIQUE DES ÉVÉNEMENTS DU MOIS D'OCTOBRE 1836. — LE PRINCE NAPOLÉON A STRASBOURG ; par ARMAND LAITY, *ex-lieutenant d'artillerie, ancien élève de l'Ecole polytechnique.*

Cet écrit renfermait le récit des faits établissant la tentative du prince Napoléon-Louis sur Strasbourg, ses causes, ses résultats. On pressent assez qu'il était rédigé dans un esprit d'opposition aux rapports publiés par le gouvernement à l'époque du mouvement insurrectionnel.

Etait-il possible de considérer cet opuscule comme un document historique destiné, avec les pièces officielles, à éclairer l'opinion des écrivains? Il paraît que le ministère en eut d'abord la pensée, puisqu'il le laissa circuler librement dans le public pendant cinq jours entiers. Mais il se ravisa, et le 21 il fit arrêter l'auteur et saisir son œuvre : le supplément au *Journal du Commerce* en donna la nouvelle au milieu de la journée.

A la chambre des pairs, le même jour, la discussion sur la conversion de la rente fut interrompue par l'incident suivant:

M. LE PRÉSIDENT. La parole est à M. le garde des sceaux pour une communication du gouvernement. (Mouvement d'attention).

M. LE GARDE DES SCEAUX monte à la tribune et donne lecture de l'ordonnance suivante :

« LOUIS-PHILIPPE, roi des Français, à tous présents et à venir, salut :

« Sur le rapport de notre garde des sceaux, ministre secrétaire d'état au département de la justice et des cultes ;

« Vu l'art. 28 de la charte (1) qui attribue à la chambre des pairs la connaissance des crimes de haute trahison, et des attentats à la sûreté de l'état;

« Vu l'art. 1er de la loi du 9 septembre 1835, (2) qui qualifie attentat à la sûreté de l'état la provocation par l'un des

---

(1) ART. 28 DE LA CHARTE DU 14 AOUT 1830.—La chambre des pairs connaît des crimes de haute-trahison et des attentats à la sûreté de l'état, qui seront définis par une loi.

(2) ART. 1er *de la loi du 9 septembre* 1835.—Toute provocation par l'un des moyens énoncés en l'art. 1er de la loi du 17 mai 1819, aux crimes prévus par les articles 86 et 87 du code pénal, soit qu'elle ait été ou non suivie d'effet, est un attentat à la sûreté de l'état.

Si elle a été suivie d'effet, elle sera punie conformément à l'article premier de la loi du 17 mai 1819.

Si elle n'a pas été suivie d'effet, elle sera punie de la détention et d'une amende de 10,000 fr. à 50,000 fr.

Dans l'un comme dans l'autre cas, elle pourra être déférée à la chambre des pairs, conformément à l'art. 28 de la charte.

moyens énoncés en l'art. 1er de la loi du 17 mai 1819, (1) ou crime prévu par l'art. 87 du code pénal, (2) même lorsque cette provocation n'a pas été suivie d'effet ;

« Attendu qu'un écrit intitulé RELATION HISTORIQUE DES ÉVÉNEMENTS DU 30 OCTOBRE 1835, LE PRINCE NAPOLÉON A STRASBOURG, par M. Laity, ex-lieutenant d'artillerie, ancien élève de l'Ecole polytechnique, commençant par ces mots : *Vingt ans d'exil pesaient sur la tête de l'empereur ;* et finissant, aux pièces justificatives, par ceux-ci : *Telle était ma manière de voir,* présente tous les caractères du crime prévu par l'art. 1er de la loi du 9 septembre 1835, qualifié attentat par ledit article ;

« Attendu que cet écrit a été publié et distribué ;

« Nous avons ordonné et ordonnons ce qui suit :

« Art. 1er. La chambre des pairs, constituée en cour de justice, procédera sans délai au jugement de l'attentat sus-énoncé :

« Art. 2. Elle se conformera, pour l'instruction, aux formes qui ont été suivies par elles jusqu'à ce jour.

« Art. 3. Le sieur Franck-Carré, notre procureur général près la cour de Paris remplira les fonctions de notre procureur général près la cour des pairs.

« Il sera assisté du sieur Boucly, substitut de notre procureur général près la cour de Paris, qui sera chargé de le remplacer en cas d'absence ou d'empêchement.

---

(1) ART. 1er *de la loi du 17 mai* 1819.—Quiconque, soit par des discours, des cris ou menaces proférés dans les lieux ou réunions publics, soit par des écrits, des imprimés, des dessins, des gravures, des peintures ou emblèmes vendus ou distribués, mis en vente, ou exposés dans des lieux ou réunions publics, soit par des placards ou affiches exposés aux regards du public, aura provoqué l'auteur ou les auteurs de toute action qualifiée crime ou délit à la commettre, sera réputé complice, et puni comme tel.

(2) ART. 87 *du code pénal.*—L'attentat ou le complot contre la vie ou la personne des membres de la famille royale ;

L'attentat ou le complot dont le but sera,

Soit de détruire ou de changer le gouvernement, ou l'ordre de successibilité au trône ;

Soit d'exciter les citoyens ou habitants à s'armer contre l'autorité royale ;

Seront punis de la peine de mort.

« Art. 4. Le garde des archives de la chambre des pairs et son adjoint rempliront les fonctions de greffier près notre cour des pairs.

« Notre secrétaire-d'état au département de la justice et des cultes est chargé de l'exécution de la présente ordonnance.

« Fait au palais des Tuileries, le 21 juin 1838.

« Signé Louis-Philippe.

Par le roi :

« Le garde des sceaux ministre secrétaire d'état au département de la justice et des cultes : Signé Barthe. »

(Marques d'étonnement.—Vive agitation).

M. le président. La chambre donne acte de cette présentation. Quand la chambre veut-elle se constituer en cour de justice pour aviser à ce qu'elle doit faire pour le jugement de l'attentat qui lui est déféré ?

Voix nombreuses. Demain ! Demain !

M. le président. Quelquefois, en circonstances semblables, la chambre s'est constituée en cour de justice à l'instant même. Je consulte la chambre pour savoir si elle entend se former à l'instant même en cour de justice.

La chambre consultée décide qu'elle se formera sur-le-champ en cour de justice.

M. le président. La séance cesse d'être publique.

Il est quatre heures et quart, les huissiers font évacuer les tribunes.

Dans cette séance secrète, M. le procureur général a présenté le réquisitoire suivant :

Réquisitoire de M. le Procureur général. Rapport fait à la Cour.

Nous, procureur général nommé par S. M., près la Cour des pairs constituée par ordonnance royale, en date de ce jour, pour procéder au jugement de l'attentat à la sûreté de l'Etat commis par la publication d'un écrit intitulé : *Relation historique des événements du* 30 *octobre* 1836, commençant par ces mots : *Vingt ans d'exil pesaient sur la famille de l'empereur,* et finissant aux pièces justificatives par ceux-ci : *Telle était ma manière de voir ;*

Avons l'honneur d'exposer et de requérir ce qui suit :

Au mois d'octobre 1836, un jeune prince, de la famille de Napoléon, avait tenté une entreprise que fit avorter la fidélité de l'armée au moment même où l'on en commença l'exécution. Malgré l'influence que lui donnait son grade et son autorité, un colonel avait à peine réussi à ébranler une faible partie de son régiment, et la tentative échoua aussitôt que la trahison fut proposée à un corps qui n'était pas placé sous les ordres de cet officier.

Cependant, plus de dix-huit mois après cet événement, un des militaires mis en accusation pour y avoir pris part vient de publier un écrit destiné en apparence à raconter les détails, mais qui n'est en réalité autre chose que le manifeste de ce qu'on appelle le parti napoléonien, et qu'une continuelle provocation à une nouvelle révolte ; on voit, en effet, l'auteur de cet écrit s'efforcer d'établir la légitimité des droits de Louis-Napoléon Bonaparte au trône, comme héritier de la dignité impériale, et d'attaquer en même temps ceux que le vœu de la nation française et la Charte constitutionnelle ont conférés au roi des Français, offrir Louis Bonaparte aux yeux du peuple et surtout à ceux de l'armée comme le représentant de la gloire nationale, le médiateur nécessaire des partis, le gardien le plus sûr de l'honneur et des intérêts du pays, essayer de le rattacher aux factions les plus hostiles au gouvernement du roi, en le montrant comme agréé par les chefs qu'elles se donnent ou qu'on leur suppose. Suivant l'auteur de cet écrit, Napoléon-Louis Bonaparte serait le défenseur de la cause populaire, soutenu par les plus vives sympathies, et assuré de l'assentiment et du concours de l'armée ; sa criminelle et téméraire tentative est représentée comme le résultat d'une conspiration permanente qu'on glorifie et comme entourée de toutes les garanties de succès ; on suppose en sa faveur un soulèvement général prêt à éclater ; on prétend que la rébellion ne s'est vu arracher que par un mensonge une victoire aussi certaine qu'on la soutient légitime. On saisit enfin cette occasion de donner une nouvelle publicité aux proclamations

les plus violentes et les plus séditieuses, après les avoir présentées dans le cours du récit comme de nature à entraîner le
peuple et les soldats.

Telle est l'analyse succincte de l'écrit déféré à la Cour. Il
est impossible de ne pas y voir le programme d'une insurrection nouvelle et la provocation la plus directe à un
attentat, dans le but de détruire et de changer le gouvernement.

L'aveu et la glorification de ce complot permanent ; ce manifeste lancé au nom de ce qu'on appelle la légitimité de la
cause napoléonienne ; cette audace d'hommes qui se procla-
ment conspirateurs et qui veulent tirer de l'indulgence
même qu'ils ont rencontrée de nouveaux moyens de raviver leur complot ; ces assertions diffamatoires contre la population et contre l'armée, dans laquelle l'auteur du manifeste affirme que sa cause a des adhérents placés à tous les
degrés ;

Toutes ces circonstances donnent au crime prévu par les
lois de septembre un caractère de gravité qui appelait la haute
juridiction de la cour des pairs.

Le crime dénoncé, on le trouve au plus haut degré dans
l'ensemble de l'écrit, et il se manifeste spécialement dans les
passages suivants :

1° Le passage commençant à la page 7 par ces mots : *le parti
napoléonien*, et finissant à la page 11 par ceux-ci : petit-fils de
l'impératrice Joséphine ;

2° Le passage commençant à la page 15 par ces mots : *par le
dernier exercice de la souveraineté nationale*, et finisssant à la
page 37 par ceux-ci : *que les circonstances avaient mis à sa disposition* ;

3° La partie de l'écrit commençant à la page 51 par ces
mots : *le prince fit alors signe qu'il voulait parler*, et se termi-
nant, avant les pièces justificatives, par ceux-ci : *le digne héritier de notre grand empereur* ;

4° les proclamations qui se trouvent aux pages 77, 80, 81
et 82 ;

5° Le passage commençant à la page 85, par ces mots : *dans
cet état de choses*, et finissant à la page 87, par ceux-ci : *ce que
la force seule a détruit* ;

Ce considéré, et attendu que la publication de cet écrit,

imprimé et distribué, constitue tout à la fois une provocation, non suivie d'effets, à commettre le crime prévu par l'art. 87 du Code pénal, et une attaque contre le principe et la forme du gouvernement établi par la Charte de 1830, tels qu'ils sont définis par la loi du 29 octobre 1830, lesquelles provocation et attaque sont qualifiées attentats à la sûreté de l'État, et punies par les art. 1 et 5 de la loi du 9 septembre 1835 ;

Nous, procureur général de S. M., près la cour des pairs, REQUÉRONS qu'il plaise à la Cour : nous donner acte du contenu au présent réquisitoire, portant plainte contre l'auteur et les complices des attentats ci-dessus spécifiés, lesquels, aux termes des art. 28 de la Charte, 87 du Code pénal, 1er et 5 de la loi du 9 septembre 1835, sont de la compétence de la cour des pairs ;

ORDONNER que, dans le jour, M. le chancelier président commettra lui-même ou désignera tels de MM. les pairs qu'il lui plaira, pour procéder à une instruction contre Armand Laity et tous autres qui pourraient être ultérieurement inculpés ;

ORDONNER que les actes d'instruction commencés seront apportés au greffe de la cour des pairs ;

ORDONNER enfin que la Cour s'assemblera au jour qui sera indiqué par M. le chancelier, pour entendre le rapport de la procédure et faire tous autres actes que la marche de l'instruction rendrait nécessaires.

Fait, en notre parquet, à Paris, le 21 juin 1838.

Le procureur général du roi,

Signé, FRANCK-CARRÉ.

Après la lecture de ce réquisitoire, la Cour a rendu l'arrêt dont voici le texte :

« a Cour des pairs,

« Vu l'ordonnance du roi en date d'aujourd'hui ;

« Vu 'art. 28 de la charte constitutionnelle ;

« Vu 'art. 1 de la loi du 9 septembre 1835 ;

« Ouï le procureur général du roi en ses dires et conclusions,

« après en avoir *délibéré*.

- « Donne acte audit procureur général du dépôt par lui fait, sur le bureau de la cour, d'un réquisitoire renfermant plainte, pour attentat à la sûreté de l'Etat, contre l'auteur d'un écrit intitulé : *Relation historique des événements du 30 octobre 1836, le prince Napoléon à Strasbourg, par M. Armand Laity, ex-lieutenant d'artillerie, ancien élève de l'Ecole polytechnique*, commençant par ces mots : *Vingt ans d'exil pesaient sur la famille de l'empereur*, et finissant par ceux-ci : *Telle était ma manière de voir ;* et ses complices s'il y a lieu ;

- « Ordonne que, par M. le chancelier de France, président de la cour, et par tels de MM. les pairs qu'il lui plaira commettre pour l'assister et le remplacer en cas d'empêchement, il sera sur le champ procédé à l'instruction du procès, pour ladite instruction faite et rapportée, être, par le procureur général, requis, et, par la cour, ordonné ce qu'il appartiendra;

- « Ordonne que les procédures et actes d'instruction déjà faits seront apportés sans délai au greffe de la cour;

- « Ordonne pareillement que les citations ou autres actes du ministère d'huissier seront faits par les huissiers de la chambre;

« Ordonne que le présent arrêt sera exécuté à la diligence du procureur général du roi ;

« Fait et délibéré au palais de la cour des pairs à Paris, le jeudi 21 juin 1838, en séance secrète, où siégeaient :

M. le baron Pasquier, chancelier de France, président de la cour, et MM. le duc de Mortemart, le duc de Valentinois, le duc de Choiseul, le duc de Broglie, le duc de Montmorency, le marquis de Jaucourt, le comte Klein, le marquis de Sémonville, le duc de Castries, le duc de la Trémouille, le marquis de Louvois, le comte Molé, le comte Ricard, le baron Séguier, le marquis de Vérac, le comte de Noé, le duc de Massa, le duc Decazes, le comte d'Argout, le comte Raymond, de Béranger, le marquis de Dampierre, le baron Mounier, le comte Mollien, le comte Reille, le comte de Sparre, le marquis de Talhouet, l'amiral comte Truguet, le marquis de Pange, le comte Portalis, le duc de Praslin, le duc de Crillon, le duc de Coigny, le comte Siméon, le comte Roy, le comte de Tascher, le maréchal comte Molitor, le comte de Breteuil, le comte Dejean, le duc de Plaisance, le vicomte Dubouchage, le comte de Montalivet, le duc de Noailles, le marquis de Laplace, le duc de La Rochefoucaud, le vicomte de Ségur-Lamoignon, le marquis de Lauriston, le marquis de Brézé, le duc de Périgord, le marquis de Crillon, le marquis Barthélemy, le duc de Bassano, le comte de Bondy, le comte de Cessac, le baron Davillier, le comte Gilbert des Voisins, le prince de Beauvau, le comte de Cafarelli, le comte Excelmans, le vice-amiral comte Jacob, le comte Philippe de Ségur, le comte Perregaux, le duc de Grammont-Caderousse, le vice-amiral comte Emeriau, le baron de Lascours, le comte Roguet, le comte de La Rochefoucauld, Girod (de l'Ain), le baron Athalin, Besson, le président Boyer, Cousin, le baron de Fréville, Gauthier, le comte Heudelet, le baron Malouet, le comte de Montguyon, le baron Thénard, Tripier, Villemain, le baron Zangiacomi, le comte de Ham, le baron de Mareuil, le comte Bérenger, le comte Guéhéneuc, le comte de Nicolaï, Félix Faure, le comte Daru, le comte Baudrand, le baron Neigre, le comte de Beaumont, le baron Brayer, le maréchal comte de Lobau, le baron de Reinach, le comte de Saint-Cricq, Barthe, le comte d'Astorg, de Gasparin, le baron Brun de Villeret, de Cambacérès, le vicomte de Chabot, le comte Corbineau, le baron Feutrier, le baron Fréteau de Peny, le comte Pernety, le comte de La-Riboissière, le marquis de Rochambeau, le vicomte Siméon, le comte de Rambuteau, de Bellemare, le baron de Morogues, le baron Voysin de Gartempe, le marquis d'Andigné, le marquis d'Audiffret, le comte de Monthyon, le baron Bignon, le marquis de Chanaleilles, Chevandier, le baron Darriule, Deforest de Quartdeville, le baron Dupin, le comte Durosnel, le marquis d'Escayrac, de Lauture, le vicomte Harmand d'Abancourt, Humann, de Kératry, le vice-amiral Halgan, Mérilhou, le comte de Mosbourg, Odier, le baron Pelet (de la Lozère), le baron Petit, Poisson, le baron de Schonen, le vicomte Tirlet, le vicomte de Nilliers du Terrage, le vice-amiral Willaumez, le baron Rohault de Fleury, Laplagne-Barris, Rouillé de Fontaine, le vicomte Sébastiani, le comte Harispe, membres de la Cour, assistés de MM. Eugène Cauchy, greffier en chef, et Léon de La Chauvignière, greffier en chef adjoint de la cour.

NOUVELLES EXTRAITES DES JOURNAUX.

Du 22 juin 1838.

ſ Pendant que M. le ministre des finances occupait la tribune, un huissier est venu lui apporter un billet qui lui était adressé par un de ses collègues; après l'avoir lu, M. Lacave-Laplagne a évidemment abrégé son discours pour céder la tribune à M. le garde des sceaux, afin sans doute que l'ordonnance pût être lue avant la retraite d'une grande partie de MM. les pairs, qui d'habitude ne restent guère à la séance au-delà de cinq heures.

A la suite de la communication faite par M. le garde-des-sceaux, on parlait vaguement dans le couloir de la chambre des pairs de la découverte d'une conspiration. Nous ne savons si ce bruit est fondé et quel rapport il peut avoir avec l'affaire déférée au jugement de la pairie, et nous nous serions même abstenus de le mentionner sans la circonstance que voici.

Vers quatre heures et demie, M. le préfet de police est arrivé au palais du Luxembourg. Il a fait appeler immédiatement M. le ministre de l'intérieur et a eu avec lui une conférence qui a duré plus de vingt minutes; à l'issue de cette conférence, M. le préfet de police est remonté immédiatement à cheval.

P. S. M. le chancelier avait proposé à la cour de nommer une commission de douze membres. La cour, jalouse de conserver son entière indépendance sur la question de compétence, a décidé, après avoir entendu les observations de MM. de Broglie et Villemain, qu'elle attendrait, sauf le cas d'urgence, que l'affaire fût instruite. M. le chancelier s'est alors adjoint quatre pairs, MM. Decazes, Laplagne-Barris, de Bastard et Girod de l'Ain, et c'est sur leur rapport que la cour décidera si elle doit se déclarer compétente.

(Messager du 22 juin.)

— « Le prince Louis Napoléon est, dit-on, l'auteur de la brochure qui porte le nom de M. Laity, et s'il faut en croire les bruits répandus dans Paris, il serait disposé à comparaître en personne devant la Cour des pairs, afin de rendre compte de toute sa conduite à Strasbourg. »

(Gazette de France).

— La *Gazette de Carlsruhe* du 20 juin nous fournit aujourd'hui un document fort singulier.

Le correspondant de cette feuille lui écrit de Paris, *le 15 juin*, nous prions qu'on fasse attention à cette date :

« Une brochure intitulée *Révélation des événements du* 30 oc-
« *tobre* 1836, par M. Armand Laity, ex-officier d'artillerie,
« l'un des accusés dans la conspiration de Strasbourg, a été
« publiée aujourd'hui. Ce pamphlet de 95 pages avait à peine
« paru qu'il a excité l'attention générale, *et l'on croit généra-*
« *lement qu'il donnera lieu à un procès politique d'une haute im-*
« *portance.* »

D'où vient cette lettre qui annonçait, dès le 15, un procès dont le secret n'a éclaté que le 22? Nous l'ignorons, mais nous savons que tous les hommes politiques de l'Allemagne connaissent les relations de correspondances qui existent entre notre cabinet et les feuilles principales d'outre-Rhin. Nos lecteurs se rappelleront peut-être que nous avons eu déjà occasion de les entretenir de cette circonstance.

Par un autre rapprochement non moins merveilleux, nous remarquons que c'est la veille de la date donnée à cette correspondance que M. de Montalivet prononça dans la discussion relative aux réfugiés les paroles que nous avons eu occasion de relever sur les événements de Strasbourg, paroles inattendues et dont personne ne put s'expliquer l'intention.

(Commerce.)

— Un aide-de-camp du ministre de la guerre vient de partir pour Strasbourg, avec des instructions spéciales pour le général commandant la division.

(Bon Sens).

— Un grand conseil a eu lieu mercredi chez M. Pasquier. Les ministres et les membres influents de la chambre des pairs y assistaient. Il a duré jusqu'à minuit. La question de compétence dans le *procès-brochure* a été longtemps débattue. M. Decazes, organe d'une auguste pensée, aurait fait admettre la compétence comme réfutation du passage de la brochure dans lequel le prince Louis-Napoléon déclare que plusieurs pairs de France avaient écrit au roi pour protester contre leur nomination de juges du prince.

(Idem.)

Tout annonce, de la part du ministère, l'intention de donner beaucoup de solennité à cette affaire.

Une visite domiciliaire a eu lieu chez MM. le lieutenant-général Guillaume de Vaudoncourt, Belmontet, Saint-Edme, Landois, libraire, rue Hautefeuille, et chez diverses autres personnes que l'on suppose liées avec M. Laity. On assure que M. Mauguin est chargé de défendre ce prévenu.

C'est à tort que plusieurs journaux ont annoncé l'arrestation de M. Thomassin, imprimeur de la brochure. Toutefois une double visite domiciliaire a été faite chez lui, et l'on a même saisi ses livres de commerce.

(Bon Sens.)

DU 23.

—On assure que plus de vingt mandats de comparaître sont déjà lancés.   (*National.*)

—La commission judiciaire de la chambre des pairs s'est réunie ce matin (22), sous la présidence de M. le chancelier, pour poser les bases de l'instruction qui lui est confiée.

Le lieutenant d'artillerie Laity n'a pas été, ainsi que l'annoncent par erreur plusieurs journaux, transféré à la prison du Luxembourg; il est en ce moment encore détenu, au secret, à la Conciergerie.

Un très-grand nombre d'exemplaires de la brochure intitulée : *Relation historique des événements du mois d'octobre 1836. — Le prince Napoléon à Strasbourg*, a été saisi chez plusieurs libraires.   (*Gazette des Tribunaux.*)

DU 24.

—On assure que dans la visite domiciliaire qui a été faite chez M. Laity, lors de son arrestation, on a trouvé le manuscrit de la brochure incriminée. On a reconnu, dit-on, dans cette pièce, l'écriture du jeune Napoléon Bonaparte.

(*Gazette de France.*)

— M. Laity a été conduit hier matin au Luxembourg, pour y subir un premier interrogatoire devant la commission que s'est adjointe M. le président de la Cour des pairs.

L'exploration la plus minutieuse a eu lieu depuis deux jours dans les chambres des casernes, où les sacs ont été visités, afin de saisir des écrits politiques qu'on suppose avoir été distribués. Deux officiers d'ordonnance des Tuileries ont pris part à cette investigation de police. Un aide-de-camp du ministre est parti ce matin pour La Fère.

Des commissions rogatoires sont envoyées, dit-on, à Strasbourg, à Besançon, à Metz et dans plusieurs autres villes.

Deux agents sont partis dans la journée pour Châlons-sur-Saône et Lyon.

Me MICHEL (DE BOURGES) est chargé de la défense de M. Laity.   (*National.*)

DU 25.

— Les visites domiciliaires ont recommencé ce matin. Le docteur Lombard, l'un des prévenus de la conspiration de Strasbourg, a vu ses papiers soumis à la plus minutieuse investigation. Ces recherches n'ont produit aucun résultat. Le commissaire de police était porteur d'un mandat d'amener qui devait être mis à exécution dans le cas où l'on eût trouvé des papiers compromettants. De chez M. Lombard, les agents se sont portés chez madame Gordon, arrivée depuis deux jours à Paris; cette visite a encore été sans résultat. Le commissaire était porteur de trente mandats environ. Des perquisitions ont eu lieu hier aussi au domicile du marquis Beauharnais, vieillard plus qu'octogénaire.

Une descente a été faite encore chez madame Lamotte, libraire, dépositaire de 145 exemplaires de la brochure, qui ont été saisis. Madame Lamotte et ses commis ont été assignés à comparaître devant la Cour des pairs.

(*Bon Sens.*)

— Le lieutenant Laity, qui depuis deux jours a été transféré du secret de la Conciergerie à la prison du Luxembourg, a comparu ce matin devant la commission d'enquête de la chambre des pairs, présidée par M. le chancelier Pasquier. Il y a subi un interrogatoire. Précédemment, il avait été extrait de sa prison et conduit à son domicile, rue Feydeau, 30, où, après une perquisition minutieuse faite en sa présence, on avait saisi divers objets, et notamment son uniforme d'officier d'artillerie, un poignard, une paire de pistolets, diverses lettres, un cahier de notes et quelques papiers. Les scellés avaient aussi été apposés sur une caisse de trois pieds de long sur deux de haut, et contenant des livres, des brochures et quelques dessins.

— Le manuscrit saisi chez M. Laity n'est pas, assure-t-on, de la main du prince Napoléon, mais il a été annoté et corrigé par lui. *(Siècle.)*

— Samedi, à cinq heures du matin, la police a fait une descente chez le valet de chambre de Mme la comtesse Lavalette, et s'est livrée aux plus minutieuses investigations. *(Constitutionnel.)*

DU **27**.

Mme la comtesse de Lipona a quitté Paris hier. Elle se rend, dit-on, à Florence. *(Messager.)*

— Le parquet semblait attacher une grande importance à savoir si MM. le général Guillaume de Vaudoncourt, Belmontet et Saint-Edme avaient contribué à la distribution de la brochure incriminée, et s'ils en avaient déjà répandu dans les provinces. On aurait déclaré à M. Belmontet qu'on l'avait soupçonné d'être l'auteur ou du moins l'un des inspirateurs les plus zélés de la brochure, et que c'est pour cela qu'on l'avait appelé devant la cour pour obtenir de lui des aveux loyaux. Il paraît que le gouvernement voulait avoir plus d'un éditeur responsable. Ce n'était pas assez de celui qui avait été mis au secret préventivement. On aurait dit encore au même comparant, qui s'étonnait d'être mis constamment à l'index du pouvoir à chaque crise politique, que ses liaisons intimes avec le prince Louis-Napoléon devaient nécessairement le rendre toujours suspect. Du reste, dans les conversations qui avaient lieu entre messieurs du parquet à travers les interrogatoires, il aurait été émis des opinions fort peu édifiantes de la part d'agents du pouvoir. L'un des interrogés s'étant montré fort surpris de voir que par une faute qu'on ne pouvait s'expliquer le ministère avait traduit devant la haute chambre le simple récit d'une action insurrectionnelle, qui elle-même n'avait été que soumise à la juridiction du jury ; on aurait répondu qu'il ne fallait pas voir dans ce dernier acte du pouvoir un simple procès fait à un délit de presse ; que le gouvernement avait des informations graves qui l'avaient forcé à atteindre plus avant en frappant la brochure ; que cette brochure n'était que *la préface* d'un complot politique qui en éclatant pouvait entraîner les désordres les plus sérieux ; que le gouvernement était sur la voie de menées très-coupables ; qu'on cherchait à ébranler la fidélité de l'armée ; que l'acte ministériel réprouvé par toute la presse était une preuve des sentiments d'humanité et de prudence qui animaient le pouvoir ; car en brisant de prime-abord le ballon d'essai d'une nouvelle insurrection militaire, on avait coupé court à une tentative ultérieure ; qu'une seconde édition du crime à main-armée de Strasbourg pouvait faire répandre beaucoup de sang cette fois, et que c'était se montrer vraiment paternel que d'arrêter toutes les démences aveugles et les espérances coupables qui s'agitaient dans l'ombre. *(Courrier.)*

— Aujourd'hui on nous annonce que deux nouveaux mandats de comparution ont été dirigés contre qui ? contre deux jeunes dames : l'une est Mme la comtesse de Forget, fille de Mme Lavalette ; l'autre est Mlle Eugénie de Bauharnais. Elles ont dû comparaître aujourd'hui pardevant la commission, et on peut juger de l'anxiété répandue un instant dans les deux familles. Ainsi donc, dans son besoin de complots, le gouvernement s'adresse à tout le monde. Il ne respecte plus ni l'âge ni le sexe.

— Toutes les polices de Paris sont, dit-on, en mouvement depuis deux jours ; sur la nouvelle arrivée d'un des départements de l'est, que le prince Louis Napoléon a soudainement quitté sa résidence, et qu'on a tout lieu de croire qu'il a passé le Rhin aux environs de Neufbrisach pour entrer en France.

Le déguisement qu'il a pris a trompé la vigilance des autorités, et l'on pense qu'il est en ce moment à Paris, attendant le jour où il viendra, à ce qu'on croit, réclamer en pleine cour des pairs la responsabilité de la brochure du lieutenant Laity. (*National.*)

——◦——

La chambre des pairs, constituée en cour de justice, s'est réunie aujourd'hui en comité secret pour s'occuper de l'affaire Laity. Elle est entrée en délibération à une heure. M. Laplagne-Barris, membre de la commission d'instruction, a présenté le rapport de cette affaire.

Radport fait à la Cour des pairs par M. Laplagne-Barris, l'un des commissaires chargés de l'instruction du procès à la Cour des pairs par ordonnance royale du 21 juin 1838.

Messsieurs,

D'après la loi du 9 septembre 1835, les attentats à la sûreté de l'État, définis par ses articles 1, 2 et 5, et commis par la voie de la presse, peuvent être déférés à la chambre des pairs.

Près de trois années se sont écoulées depuis la promulgation de cette loi, et l'on pouvait se féliciter de ce que, dans cet intervalle, il n'y avait eu aucune publication qui présentât au gouvernement assez de criminalité, assez de gravité pour recourir à votre haute juridiction.

Mais les passions politiques ne sont pas toutes apaisées ; vainement le passé a démenti de coupables espérances ; elles survivent, chez quelques hommes, à la défaite de leur parti ; et notre constitution et notre monarchie peuvent encore-être en butte à de vives attaques.

Une publication récente a été considérée par le gouvernement comme étant de nature à motiver l'application de l'atribution de compétence et des dispositions pénales qui résultent de la loi précitée. Une ordonnance du roi, en date du 21 présent mois, a saisi la chambre des pairs.

Nous avons, messieurs, à vous rendre compte de l'instruction à laquelle il a été procédé par M. le chancelier, en vertu de l'arrêt que vous avez rendu le même jour.

Le texte entier de l'écrit qui vous est déféré et les circonstances qui se rattachent à son auteur, reportent vos souvenirs sur la révolte qui éclata à Strasbourg, le 30 octobre 1836. Jusqu'alors, le gouvernement fondé en juillet avait eu à soutenir une lutte incessante contre deux partis, profondément divisés par leur origine et par le but définitif qu'ils veulent atteindre, mais presque toujours unis pour opérer, comme mesure préliminaire, la destruction de nos institutions. Les événements de Strasbourg révélèrent l'existence d'un troisième parti qui venait essayer d'ajouter de nouvelles chances de bouleversement pour la patrie, à celles que s'efforçaient de faire naître chaque jour les deux factions qui avaient été, jusqu'à ce moment, seules menaçantes.

La Cour sait que le prince Louis-Napoléon, saisi au milieu des rebelles, dont il dirigeait l'entreprise, fut l'objet d'un acte de haute clémence.

On pouvait espérer que sa reconnaissance lui imposerait, dans l'avenir, une ligne de conduite que la raison et la loyauté auraient dû lui tracer dans le passé.

Les hommes qui se dévouèrent au prince Louis, en octobre 1836, ont-ils tous renoncé à leurs folles espérances, à leurs pernicieux projets? C'est un point sur lequel l'instruction actuelle peut fournir quelques lumières.

François-Armand-Ruppert Laity, prévenu, est un des officiers sur lesquels a pesé, à l'occasion des événements de Strasbourg, l'accusation de haute trahison.

Il était lieutenant au corps des pontonniers; ce fut lui qui, suivant l'expression dont il s'est servi (page 57 de sa brochure), enleva ses soldats et marcha à leur tête sur le quartier de Finckmatt, au secours du prince qui s'efforçait, mais en vain, d'entraîner dans sa rébellion le 46e régiment d'infanterie.

Après son acquittement, il se rendit à Paris, où il séjourna six semaines. De là, il passa à Lorient, lieu de sa naissance. Il y aurait résidé trois mois. Sa démission du grade de lieutenant d'artillerie fut acceptée par le roi, suivant une lettre du ministre de la guerre, du 26 mai 1837. Depuis le mois de janvier dernier jusqu'aux derniers jours de mai, il a séjourné à Arenemberg auprès du prince Louis. (Interrogatoires des 22 et 25 juin.)

Vers le milieu de juin, présent mois, une brochure intitulée : *Relation historique des événements du 30 octobre* 1836 ; — *le prince Napoléon à Strasbourg*, par M. Armand Laity, ex-lieutenant d'artillerie, ancien élève de l'École polytechnique, fut répandue avec profusion dans Paris. Des renseignements parvenus au gouvernement lui firent connaître que la distribution de ce même écrit avait lieu dans d'autres villes de rance, et il paraissait que nulle part il n'avait été mis en vente.

Le réquisitoire de M. le procureur-général à la Cour des pairs fait connaître les motifs puisés dans la teneur de cet imprimé, qui, le 23 juin, déterminèrent la saisie de tous les exemplaires qui purent être découverts, par suite de recherches faites chez l'imprimeur, le sieur Thomassin, demeurant rue Saint-Sauveur, n° 30, et chez d'autres personnes. Huit exemplaires seulement furent trouvés chez le sieur Thomassin : il déclara qu'il avait fait livraison, il y avait quatre ou cinq jours, au sieur Laity lui-même, des brochures au nombre de cinq mille exemplaires.

Le même jour, 23 juin, dans une seconde perquisition, Thomassin représenta ses livres, qui offraient les mentions uivantes : « Du 11 juin 1838. D. A. Laity, *Relation des événe-* « *ments du* 30 *octobre* 1836 ; in-8, 6 feuilles en cicéro, à 7,000 « exemplaires. »

A un autre feuillet : « D. A. Laity, 2e tirage à 3,000 ex. de « la *Relation des événements du* 30 *octobre* 1836. 14 juin. »

A un troisième feuillet : « Du 14 juin 1838. A. Laity, espèces « à valoir, 2,750 fr. »

L'imprimeur persista à déclarer, nonobstant la mention de son livre-journal, qu'il n'avait réellement tiré que 5,000 exemplaires qui avaient été brochés chez le sieur Perrotet, lequel en avait fait la remise, suivant ses ordres, à Laity.

Ce dernier avait été arrêté, dans la matinée du 21 juin, rue Feydeau, n° 30, dans une maison dont le propriétaire donne à loyer des appartements meublés. Il y résidait depuis le 4 juin. Il avait, en entrant dans cette maison, payé pour quinze jours le prix de son logement, en annonçant qu'il croyait ne pas y faire un plus long séjour. Il résulte des déclarations du portier et de sa femme, que Laity recevait peu de visites : le sieur Lombard, qui prend le titre d'ancien aide-de-camp du prince Napoléon, paraissait plus particulièrement lié avec Laity, et venait presque tous les jours.

Le 21 juin, vers dix heures du matin, Lombard se présenta à l'hôtel; et, apprenant que Laity avait été arrêté, il demanda précipitamment au portier de le laisser monter dans la chambre, ce qui lui fut refusé. Au moment de l'arrestation, Laity dit au portier d'aller en informer M. Félix Desportes, demeurant rue Laffitte, n° 6, qui, sur cet avis, dit, sans témoigner d'étonnement : « Je le lui avais bien dit. Eh bien ! je m'occu- « perai de lui ce matin. » (Déposition de Soubriez.)

Nous devons faire observer à la Cour, avant de passer à des détails qui ont peut-être plus d'importance, que la déclaration de M. le baron Félix Desportes, ancien préfet, n'est pas entièrement d'accord avec celle de Soubriez. Il a dit que, vers le 15 ou 18 juin, un jeune homme qu'il ne connaissait pas alors, et qui est le sieur Laity, s'était présenté à lui, et lui avait apporté des nouvelles et des compliments du prince Louis; qu'il ne fut nullement question entre eux de la publication de l'écrit incriminé; qu'averti par le portier Soubriez de l'arrestation de Laity, il n'avait pas tenu le propos rapporté plus haut; qu'il s'était seulement occupé de savoir si le prisonnier n'éprouvait pas quelques besoins.

Laity, dans son second interrogatoire, a déclaré que ses relations avec M. Félix Desportes, qu'il avait connu à Paris, dataient de plus d'un an.

Les déclarations du sieur Lombard, qui a été compromis dans l'affaire de Strasbourg, et qui assure qu'il ne s'occupe plus de politique et qu'il est tout entier à l'étude de la médecine, n'ont fourni aucun renseignement utile. La perquisition faite chez lui, le 23 juin, n'a produit aucun résultat.

Le sieur Soubriez a déclaré qu'il n'avait pas vu entrer chez Laity des ballots d'imprimés, ni des liasses plus ou moins considérables de livres; qu'une seule fois il avait vu Laity sortant avec deux paquets de brochures semblables à celle qui a été saisie, mais qu'il ne se rendait pas compte de l'instant où Laity avait pu les introduire dans sa chambre.

Le brocheur Perrotet, demeurant rue Cassette, 22, avait été chargé par Thomassin de faire brocher les imprimés. Il a déclaré en avoir reçu dix mille. C'est Laity qui est venu avec un commissionnaire demeuré inconnu, chercher à différentes reprises les ballots. Les derniers ont été emportés le dimanche 17. Laity avait autorisé les ouvriers de Perrotet à conserver chacun un exemplaire de la brochure, ce qu'ils n'auraient pas fait. L'instruction n'a pas fourni de lumières sur le lieu de dépôt de ces brochures, lieu qui a été sans doute le point de départ des distributions.

On a saisi chez Laity diverses pièces dont il sera ultérieurement rendu compte, et en outre deux cent six exemplaires de la brochure, un billet du sieur Everat, imprimeur, annonçant le refus d'imprimer l'écrit : deux notes contenant beaucoup de chiffres, et dont une présente, de l'aveu de Laity, des indications relatives à la distribution de la brochure.

Il fut opéré trois autres saisies : l'une de deux cents exemplaires, chez le portier de la maison où logeait Laity. Nous ferons connaître plus tard les circonstances de cette saisie. Une autre de cent quarante-huit exemplaires chez le sieur Landois, libraire, rue Hautefeuille, n. 14. La troisième, de 30 exemplaires, chez le sieur Saint-Edme, homme de lettres.

On a vu que, le 21 juin, Thomassin avait déclaré, par deux fois, qu'il n'avait livré à Laity que 5,000 exemplaires. Interrogé sur mandat de comparution, le lendemain, il reconnut, conformément aux énonciations de son livre-journal, aux déclarations de Perrotet et aux aveux de Laity, qu'il avait imprimé et livré 10,000 exemplaires, et qu'il en avait reçu le prix montant à 4,250 fr.

La note trouvée chez Laity contient notamment les mentions suivantes :

2,800 par porteurs ; 650, Saint-Edme ; 400, Toulouse ; 50, Blois ; 25, Marseille ; 100, Belmontet ; 100, Laity ; 100, le général Vaudoncourt ; 50, Félix Desportes ; 50, Lequet ; 50, Thomassin.

Il y a eu addition d'autres nombres plus élevés ; quelques uns des nombres ci-dessus mentionnés sont barrés.

On a entendu le général de Vaudoncourt, les sieurs Saint-Edme et Belmontet. Le premier a déclaré qu'il ne connaissait pas Laity ; et qu'il n'avait reçu aucune brochure.

Le sieur Belmontet, homme de lettres, n'a vu Laity que deux fois. Il a reçu quatre exemplaires seulement de la brochure, et il ignore s'il les a reçus de Laity ou d'un autre. Il ajoute que l'écrit ne lui a pas été communiqué avant sa publication, et qu'il a même été étonné qu'on ne lui en eût pas parlé.

Le sieur Saint-Edme, aussi homme de lettres, déclare qu'un commissionnaire apporta chez lui un paquet d'imprimés, le 16 juin, et ne put lui dire le nom de la personne qui les envoyait; il y en avait environ cinquante. Il en remit quelques-uns à des amis et à des officiers supérieurs attachés au ministère de la guerre. Il a ouï dire que, le matin même de la saisie, cette brochure avait été répandue gratuitement dans Paris; on lui a cité notamment un porteur qui en distribuait dans les lieux publics du quartier de l'Odéon.

Deux autres pièces saisies chez Laity peuvent être de nature à fixer l'attention de la Cour.

L'une est le manuscrit qui a servi à l'impression. Il contient des renvois et des notes marginales en assez grand nombre, tracées par d'autres mains que le corps du manuscrit. La comparaison des écritures avait fait penser que plusieurs étaient de la main du prince Louis. Laity a effectivement reconnu qu'il en était ainsi. Cela paraît s'appliquer notamment à la note première de la page 6 de la brochure, au passage de la page 21 qui commence par ces mots : « Le général Lafayette reçut le prince, etc., » et qui se termine à la page 22 par ceux-ci : « Lorsque le moment sera arrivé. » Un rapport d'un expert-écrivain attribue au prince toutes les notes marginales.

La seconde pièce est une lettre qui porte sur l'adresse : M. Lombard, mais que Laity a déclaré avoir été écrite à lui-même par le prince Louis. Elle est ainsi conçue :

« A.   , le 11 juin 1838.

« Mon cher ami, j'ai été bien aise de recevoir des nouvelles de votre arrivée, car nous commencions à être inquiets sur votre compte. Je suis très-content de ce que vous me dites de C., et je me réjouis d'avoir été doublement trompé dans mon attente. J'avais bien prévu d'avance qu'il y aurait encore des difficultés qu'on ne devine pas toujours de loin ; mais ce qu'il est essentiel que je sache, c'est le maximum des peines. Ecrivez-le moi le plus tôt possible. Dites à B. que s'il trouve des phrases mal rédigées sous le rapport du style, il me fera grand plaisir de les rectifier, mais je ne veux pas que cela entraîne la moindre modification dans les idées.

« Dites à A, de ma part, que je ne lui écris pas, parce que je l'attends tous les jours, comme il me l'avait promis.

« Je vous assure que nous éprouvons bien ici le vide de votre absence, et surtout l'idée que vous aurez peut-être quelques contrariétés à subir me fait beaucoup de peine.

« J'ai reçu une lettre de madame G... Je lui sais bien bon gré de son attachement, mais souvent elle fait des rêves de l'autre monde et prend du millet pour des perles.

« Tout le monde ici vous fait faire ses compliments. Recevez l'assurance de ma sincère amitié.   N.

« Vous trouverez chez M. 269, 1,28, 4 une lettre pour vous.

« Vous auriez bien dû chercher comme adresse un nom plus propre. »

Une autre lettre, qui est signée du prince et datée de Gottlieben, le 26 mai 1838, est écrite à une dame et a pour objet de lui recommander Laity.

Ce prévenu fut interrogé le 21 juin, dans la soirée, par un juge commis par M. le chancelier. Il déclara qu'il était venu à Paris pour faire imprimer l'écrit qui est l'objet des poursuites ; qu'il en était l'auteur, qu'il n'y avait point de libraire-éditeur. Sur l'observation du juge que « l'ensemble de cette « brochure présentait le caractère d'une provocation au ren- « versement du gouvernement du roi, et qu'il était inculpé, « à raison de sa publication, d'attentat contre la sûreté de « l'état ; »

Sa réponse fut : « Le délit est évident, et je me réserve « de me défendre devant mes juges, en faisant toutefois « observer que la brochure est rédigée en termes inoffensifs. »

M. le chancelier a fait subir à Laity plusieurs interrogatoires. Dans celui du 22 juin, il déclara persister dans ses réponses faites la veille. On lui fit remarquer qu'il ne se dissimulait pas que la brochure ne fût un délit, et que cependant il avait fait tous ses efforts pour la répandre. Sa réponse fut :

« Délit si l'on veut! Quand j'ai dit que le délit était évi-
« dent, j'ai voulu dire que l'existence de la brochure était
« patente ; après cela, je ne veux pas vous empêcher de trou-
« ver un délit dans la brochure même ; je vous ferai cepen-
« dant observer de nouveau qu'elle est rédigée en termes inof-
« fensifs. »

Dès sa première comparution devant M. le chancelier, le
prévenu annonça qu'il protestait contre la juridiction de la
Cour des pairs. Il ne donna aucun développement à cette pro-
testation.

C'est ici le moment de faire connaître à la Cour, avec quelque étendue, les interrogatoires successifs de Laity.

Le prévenu reconnaît que les dix mille exemplaires qu'il
avait demandés lui ont été livrés ; qu'il les a distribués en
entier, moins ceux qui ont été saisis chez lui (quatre ou six).
Il en a fait distribuer un grand nombre par des porteurs, et
il refuse de s'expliquer sur les moyens par lui employés pour
répandre le surplus. Sur l'indication des 350 exemplaires à
Saint-Edme, il avoue qu'il les a envoyés ; on lui demande
quel est ce Saint-Edme, sa réponse est : « Je ne le connai
pas. On m'a dit de lui envoyer ces imprimés, et je les lui ai
envoyés. »

« D. Qui vous a dit de lui faire cet envoi? — R. Je garde le
silence là-dessus.

« Il avoue les distributions à Belmontet, à Laity, son ne-
veu ; au général Vaudoncourt, à Félix Desportes. On lui objecte qu'il est difficile qu'il ait distribué en si peu de temps
dix mille exemplaires à Paris. Il répond : « J'en ai envoyé
beaucoup dans les provinces, de côté et d'autre.

D. Dans quelles villes de province en avez-vous envoyé ?
— R. Je ne puis répondre à cette question. J'ai publié ma
brochure ; que je l'aie répandue à mille ou cent mille exemplaires, le délit est le même.

« D. Vous n'avez donc pas fait imprimer cette brochure
pour la vendre ? — R. Non, monsieur.

« D. N'en avez-vous pas envoyé à Toulouse particulièrement? — R. Non, monsieur.

« D. N'en avez-vous pas envoyé à Marseille ? — R. Non,
monsieur.

« D. C'est que je trouve ces noms sur la note dont je vous

ai parlé tout-à-l'heure. — R. Si ces noms se trouvent écrits, c'est que j'avais l'intention d'en envoyer. Mais pour cela il me fallait trouver des correspondants. Si j'avais pu envoyer cette brochure dans toutes les villes et même dans tous les villages de France, je l'aurais fait. »

Le jour où Laity fut arrêté, un individu se présenta à la porte de la maison où il logeait et le demanda ; la femme Soubriez ayant dit qu'il n'y était pas, l'inconnu déposa, à la hâte, un paquet de 200 exemplaires de la brochure, en disant : « Vous lui remettrez cela. » (Procès-verbal de saisie du 22 juin).

Laity, interrogé sur ce fait, a dit qu'il avait envoyé des exemplaires à des personnes qui ne le connaissaient pas et qu'il ne connaissait pas non plus : « J'ai porté, a-t-il ajouté, 200 exemplaires chez un général que je n'ai pas trouvé chez lui ; ce sont ces exemplaires qu'on a saisis chez moi. »

Il a refusé de dire le nom de ce général.

Dans l'interrogatoire du 23 juin, le prévenu déclare que son but, en publiant l'écrit incriminé, avait été de faire connaître l'affaire de Strasbourg telle qu'elle s'était passée ; que tout ce que contient la brochure est l'expression de ses opinions. Il ajoute que le prince Napoléon est le véritable représentant de la cause populaire. Après avoir refusé de s'expliquer sur l'allégation aussi offensante que calomnieuse pour l'armée française, contenue dans la page 10 de l'écrit, au sujet d'un prétendu corps de troupes qui, colonels et généraux compris, aurait attendu en 1832 le duc de Reichstadt, et qui aurait été prêt à recevoir même son cousin, s'il eût été porteur d'une simple lettre du fils de Napoléon, il répond ainsi qu'il suit aux questions qui lui sont adressées :

D. A la page 17 de votre brochure, en parlant du prestige du droit qui n'existe plus en France dans la personne d'un roi, d'un seul, et qui ne peut se trouver que dans la volonté de tous, vous ajoutez : « Les hommes qui, en 1830, ont méconnu ce principe, ont trahi nos intérêts les plus sacrés ; ils ont bâti un édifice dont ils ont oublié les fondations. » Ne voyez-vous pas que vous attaquez formellement la révolution de juillet 1830 et le gouvernement qu'elle a fondé ?

R. Je n'attaque pas du tout la révolution de juillet, je la respecte autant que qui que ce soit ; je n'attaque que ses conséquences.

D. Vous attaquez, par conséquent, le gouvernement qu'elle a fondé ?

R. Oui, certainement.

D. A la suite de conversations que vous prêtez, sur ce sujet, au prince Louis avec plusieurs hommes influents, vous arrivez à dire qu'il ne manque plus à la génération présente qu'une occasion solennelle pour faire l'application du principe que vous posez contre l'existence de ce gouvernement. Alors, dites-vous, alors seulement la grande révolution de 1789 sera terminée, et vous ajoutez : « Qui pouvait mieux que le prince Napoléon aider à l'accomplissement de cette œuvre sociale, lui dont le nom est une garantie de liberté pour les uns, d'ordre pour les autres, et un souvenir de gloire pour tous ? » Ne voit-on pas dans ces paroles que le prince Louis est l'instrument à l'aide duquel, suivant vos vœux, le gouvernement né de la révolution de juillet doit être renversé ?

R. Oui, je crois que le prince est le chef qui convient le mieux à la France maintenant.

D. A la page 19, après avoir énuméré toutes les révoltes qui ont successivement affligé la France, et dont le gouvernement a glorieusement triomphé, vous ajoutez : « Le pouvoir se vit chaque jour contraint de chercher sa force dans un nouveau sacrifice de nos libertés, et s'il réussit un moment à désarmer les partis, il n'en rallia aucun ; ainsi, ce n'était que pour obtenir une tranquillité factice qu'il avait compromis la dignité de la France en Europe. » Ne voyez-vous pas toute la gravité de l'offense qui résulte pour le gouvernement de la publication de telles paroles, et en avez-vous bien compris toute la portée ?

R. Je laisse à mes avocats le soin de répondre là-dessus.

On lui objecte qu'à la page 21, il introduit le général Lafayette, en lui prêtant un langage et des sentiments éminemment contraires à ceux qu'il a professés et au serment qu'il avait prêté au gouvernement de juillet ; qu'il le calomnie ainsi sans l'ombre de preuve. Ne voyez-vous pas, ajoute-t-on, que l'usage que vous faites ici de ce nom est, par l'ascendant qui ne peut manquer de lui être attribué, une véritable provocation à la révolte ?

R. Je ne crois pas, d'abord, calomnier M. de Lafayette. v érité ne peut pas être une calomnie. L'entrevue dont il est question dans cette brochure a eu réellement lieu à Paris en 1833. Il est certain, ensuite, qu'en me servant du nom de Lafayette, c'était un grand appui, un grand soutien que je donnais à notre cause; je ne l'aurais pas fait sans cela.

Sur d'autres questions qui ont pour but de lui faire remarquer les conséquences funestes que pourraient produire, comme provocation à la révolte, ses attaques contre les droits que le roi tient du vœu de la nation, ses assertions sur les droits du prince Louis; ses récits sur le plan de révolution organisée en 1835; sur les vastes moyens dont on disposait pour cela; sur les facilités qui existaient encore, par suite des sentiments du peuple, de l'armée et des hommes les plus influents dans les divers partis pour ce grand changement;

Il nie que le but de sa brochure ait été de provoquer à la révolte. Il ajoute : « Tout ce que je puis dire, c'est que cette brochure est la relation de faits que je crois exacts, et l'expression d'opinions que je crois bonnes et qui sont les miennes. » — Et plus loin :

« Je vous ai déjà dit que j'avais publié cette brochure pour éclairer l'opinion sur les événements de Strasbourg. J'y ai joint tous les documents nécessaires à l'intelligence des faits: tant pis pour le gouvernement s'ils lui sont nuisibles; tant mieux pour nous s'ils nous sont avantageux. »

Il affirme, à l'occasion du tableau présenté aux pages 31 et 36, sur les conséquences rapides des succès du prince Louis, s'il avait réussi à Strasbourg, et qui ont pour but ou pour résultat de montrer comme toujours imminente et facile une insurrection au profit du parti qu'il appelle napoléonien, que c'est sa conviction bien sincère qu'il a émise là.

Au sujet d'un plan qui aurait été conçu par le prince Louis pour les opérations de la matinée du 30 octobre, on trouve à la page 48 ces mots: « Hélas! pourquoi ces idées n'ont-elles pas pu avoir leur complète exécution !

Laity interrogé, dit : — Je n'ai rien à répondre; je ne puis que répéter ce que je dis dans la brochure : « Je regrette bien sincèrement que nous n'ayons pas réussi. »

D. Que vous ayez encore ce regret, soit, si votre conscience vous le permet; mais comment avez-vous pu croire qu'il vous fût permis de le publier? — R. Je n'ai rien à répondre.

D. A la page 75, voici l'assertion que vous vous permettez :

« On sait que le jury alsacien, entraîné, non, comme on l'a dit, par un sentiment de légalité violée, mais par la sympathie de toute la population pour la cause napoléonienne, a prononcé le verdict d'acquittement qui a renversé les doctrinaires et ébranlé le gouvernement. » Ainsi, prenant sur vous de mettre au néant les motifs de légalité qui ont pu entraîner la détermination du jury, vous lui en prêtez qui réduiraient ce jury à n'être plus que l'expression d'un parti. Vous supposez qu'il aurait menti à tous ses devoirs pour servir ce que vous appelez la cause napoléonienne?

R. Oui, M. le président. Je crois le jury alsacien très-partisan de la légalité ; mais je le crois aussi très-partisan de la cause que nous avons défendue à Strasbourg.

On adresse au prévenu une question sur un passage qui se trouve à la page 76, et dans lequel il énonce qu'en épargnant le prince Louis, le roi des Français a été obligé de reconnaître en lui la dynastie napoléonienne ; il répond : A propos de dynastie, c'est de l'histoire. Il y a la dynastie de la branche aînée, comme la dynastie napoléonienne : ces dynasties ne se regardent pas comme finies. Et sur une autre question ayant le même objet, il dit : Mon Dieu ! je ne suis pas très-fort sur les dynasties en général : la véritable dynastie pour moi est celle qui offre le plus de garantie à la France.

Laity prétend justifier la publication qu'il a faite, à la suite de sa brochure, des proclamations du prince Louis et d'autres écrits qui présentent la provocation la plus directe et la plus violente à la révolte et au renversement du gouvernement, en disant que ces écrits ont déjà été publiés, et qu'il n'y a pas plus de délit de sa part, sous ce rapport, que s'il publiait de nouveau les proclamations des Bourbons de 1814 et 1815, ou celles de l'empereur à son retour de l'île d'Elbe.

Une lettre écrite par le prince à M. Odilon-Barrot, le 15 novembre 1836, a aussi été publiée à la page 85 de la brochure. Elle se termine par le passage suivant:

« Vous voyez donc, monsieur, que c'est moi qui les ai sé-
« duits, entraînés, en leur parlant de tout ce qui pouvait le
« plus émouvoir des cœurs français. Ils me parlèrent de leurs
« serments ; je leur rappelai qu'en 1815 ils avaient juré fidé-
« lité à Napoléon II et à sa dynastie: L'invasion seule, leur

« dis-je, vous a déliés de vos serments? Eh bien ! la force peut
« rétablir ce que la force seule a détruit. »

Laity avait, à plusieurs reprises, déclaré qu'il adoptait et
qu'il considérait comme siennes toutes les opinions émises
par le prince Louis et manifestées dans l'écrit dont il s'agit au
procès. On lui fait cette observation :

« Ne comprenez-vous pas tout ce que pourrait avoir de
dangereux, et par conséquent de coupable, l'exposition d'une
pareille doctrine, si complètement subversive de la foi qui est
due au serment, et qui ne tendrait à rien moins qu'à faire
croire que la fidélité due aux serments les plus sacrés et les
plus solennels doit disparaître dès la première apparence de
succès qui serait obtenu par une tentative formée contre le
gouvernement existant ?

R. M. le président, cette question est précisément celle que
me fit à Strasbourg le président des assises; je ne jugeai pas
alors à propos d'y répondre; aujourd'hui je vous dirai ce que
tout le monde sait, que les serments sont des singeries, et que
par conséquent on n'est pas grand scélérat pour les violer. »

L'écrit qui est l'objet des poursuites a été imprimé en allemand et publié à Stuttgard, à une époque correspondante
à celle de sa publication à Paris. Il ne porte pas le nom de
Laity. Le titre porte ces mots :

« *Par un témoin oculaire.* »

Le prévenu a déclaré que l'écrit, objet du procès, avait été
composé par lui sous les yeux du prince, à Arenemberg, que,
sauf les passages qu'il a empruntés à la brochure publiée par
M. de Persigny, à Londres, et indiqués dans la note première, page 6, et sauf les notes marginales de la main du
prince, tout le reste est de lui, Laity; que l'édition allemande
et l'édition française ont été faites sur deux manuscrits semblables, dont l'un a été envoyé à Stuttgard (Laity ne sait pas
l'allemand).

Quant à la lettre du prince, écrite le 11 juin, Laity, en re-
fusant de nommer les personnes dont il y est fait mention, a
dit que les lettres qui les désignaient étaient conventionnelles
et non initiales. Le maximum des peines dont on parle dans
cette lettre du 11 juin tenait à la crainte qu'avait le prince que
Laity n'encourût des peines trop graves; Laity ajoute, à cette
occasion : « Je ne m'attendais pas précisément à des poursui-

« tes, mais je savais qu'il y avait des chances pour que je
« fusse poursuivi. »

Telle est, Messieurs, la relation que nous avons cherché à
rendre aussi fidèle que possible, de tout ce que contiennent
les interrogatoires du prévenu.

L'imprimeur Thomassin, le libraire Landois et la femme
Lamotte, son associée, ont été entendus sur mandat de comparution, et sont dès lors au nombre des inculpés.

Thomassin affirme qu'il a été de bonne foi, qu'il n'a pas
lu le texte de l'écrit avant de l'imprimer, et qu'il ne le connaissait même pas encore lorsqu'il a été interrogé.

Nous avons déjà dit que cent quarante-huit exemplaires
de la relation des événements de Strasbourg avaient été saisis
chez Landois, quoique la femme Lamotte eût déclaré à ceux
qui faisaient la perquisition, qu'il n'y en avait que trois dans
sa librairie. Suivant ces deux inculpés, ces imprimés avaient
été apportés chez eux et remis à leur commis par des inconnus
qui s'étaient présentés comme venant de la part de l'imprimeur. Ils en auraient vendu huit ou neuf exemplaires. C'est
le seul fait de vente qu'indique la procédure. Landois attribue le dépôt fait chez lui à sa qualité d'éditeur de la biographie que rédige le sieur Saint-Edme, et dans laquelle se
trouvait, il y a un an, la biographie du prince Louis.

Vous connaissez maintenant, Messieurs, les résultats de
l'instruction : elle a eu une marche rapide. La nature de l'affaire a permis d'en agir ainsi. Nous savions que le corps du
délit était sous vos yeux, la brochure ayant été distribuée à
presque tous les membres des deux chambres.

Le réquisitoire de M. le procureur-général désigne les
passages qui sont plus spécialement incriminés.

La Cour aura d'abord à s'occuper de la question de compétence.

La Cour des pairs, comme tout tribunal, doit, en premier
lieu, vérifier si les faits qui lui sont déférés rentrent dans ses
attributions légales et constitutionnelles. D'après la doctrine
qu'elle a établie dans un arrêt du 21 février 1821, et qu'elle
a constamment reproduite dans ses arrêts de compétence rendus depuis, « il lui appartient, en outre, d'apprécier si les
« crimes qui lui sont déférés rentrent, par leur gravité et leur

« importance, dans la classe de ceux dont le jugement lui est
« spécialement réservé. »

La Cour aura donc à examiner s'il s'agit seulement d'un
simple récit historique, publié par un individu isolé, sans
intention factieuse, sans but coupable, ou si l'écrit objet du
procès, et qui aurait été concerté avec le chef de l'attentat de
Strasbourg, n'est pas plutôt le manifeste d'un parti qui
essaierait de renouveler contre le gouvernement constitutionnel de la France, par la voie de la presse, une lutte qu'il aurait déjà engagée sans succès par la plus coupable des révoltes
qu'il travaillait à susciter de nouveau.

Ces éloges prodigués devant la population et devant l'armée
à un acte odieux, heureusement presque unique, mais qui *est
demeuré impuni* ; à la violation du serment militaire, à la conduite d'officiers qui ont employé tous leurs efforts à tourner
contre les lois du pays les armes des soldats dont le roi leur
avait confié le commandement pour la défense de ces lois ; le
parjure préconisé au nom de ce qui a le plus d'empire sur le
cœur du soldat français, au nom de la liberté, au nom de la
gloire, au nom des souvenirs de nos victoires ; tout cela,
Messieurs, n'est-il pas assez grave pour que l'on ait dû recourir à la juridiction impartiale, mais ferme et puissante de
la chambre des pairs? L'ensemble de ces faits ne présente-t-il
pas le caractère de provocation et d'attaque qualifiés d'attentat par les articles 1 et 5 de la loi du 9 septembre 1835?

Lorsque vous aurez prononcé sur votre compétence, vous
aurez à valider la saisie en conformité des articles 8, 10 et 11
de la loi du 28 mai 1819, et à statuer sur les charges qui
peuvent exister contre les prévenus.

Après la lecture de ce rapport une discussion s'est établie,
si la chambre devait ou non se déclarer incompétente. Plusieurs orateurs, parmi lesquels on cite MM. Villemain, Cousin, Dubouchage, de Broglie, se sont, dit-on, prononcés vivement pour la négative.

La compétence a été déclarée à une majorité de 133
contre 19. La mise en accusation a été prononcée à 148 voix
contre 5.

A six heures, la Cour des pairs a rendu l'arrêt suivant :

Arrêt d'accusation.

La Cour des pairs,

Ouï, dans la séance de ce jour, M. Laplagne-Barris en son rapport de l'instruction ordonnée par l'arrêt du 21 de ce mois ;

Ouï, dans la même séance le procureur-général du roi dans ses dires et réquisitions, lesquelles réquisitions par lui déposées sur le bureau de la Cour et signées de lui, sont ainsi conçues :

« Nous, procureur-général du roi près la Cour des pairs :

« Vu l'écrit intitulé *Relation historique des événements du 30 octobre* 1836, commençant par ces mots : *Vingt ans d'exil pesaient sur la famille de l'empereur*, et finissant, aux pièces justificatives, par ceux-ci : *Telle était ma manière de voir*;

« Vu les pièces de l'instruction contre François-Armand-Ruppert Laity, inculpé de s'être rendu coupable du crime d'attentat contre la sûreté de l'Etat, en publiant et distribuant ledit écrit, et contre Louis-Benjamin-Constant Thomassin, Camille Landois et Juliette-Françoise de Lançay, femme Lamotte, inculpés de s'être rendus complices de cet attentat, savoir : Thomassin, en imprimant sciemment, et Landois et la femme Lamotte, en distribuant l'écrit incriminé ;

« Attendu que cet écrit, dans son ensemble, présente les caractères évidents 1° d'une provocation au crime prévu par l'article 87 du Code pénal ; 2° d'une attaque contre le principe et la forme du gouvernement établi par la Charte de 1830, tels qu'ils sont définis par la loi du 29 novembre 1830 ; ladite attaque ayant pour but d'exciter à la destruction du gouvernement ; que ces caractères se trouvent spécialement dans les passages dudit écrit, articulés au premier réquisitoire ;

« Attendu qu'il n'est pas suffisamment établi que Thomassin, Landois et la femme Lamotte, aient agi sciemment ;

« Mais, attendu que des pièces de l'instruction résulte contre François-Armand-Ruppert Laity prévention suffisamment établie d'avoir fait imprimer, publier et distribuer ledit écrit, et de s'être ainsi rendu coupable des crimes ci-dessus spécifiés ;

« Vu les articles 28 de la Charte constitutionnelle, 87 du

Code pénal, 1er et 5 de la loi du 9 septembre 1835, 1er de la loi du 17 mai 1819 et 1er de la loi du 29 novembre 1830 ;

« Nous déclarons qu'il plaise à la Cour :

« Se déclarer compétente ;

« Dire qu'il n'y a lieu à suivre contre Thomassin, Landois, et femme Lamotte ;

« Valider les saisies qui ont été faites, et dont les procès-verbaux ont été régulièrement notifiés ;

« Décerner ordonnance de prise de corps contre François-Armand-Ruppert Laity ;

« Ordonner, en conséquence, la mise en accusation dudit inculpé, et le renvoyer devant la Cour, pour y être jugé conformément à la loi.

« Fait au parquet de la Cour des pairs, le jeudi vingt-huit juin mil huit cent trente-huit.

« *Le procureur-général du roi,*

« FRANCK-CARRÉ. »

Les pièces ayant été lues,

Et après en avoir délibéré, hors la présence du procureur-général,

Vu les articles 28 de la Charte constitutionnelle, 87 du Code pénal, 1er et 5 de la loi du 9 septembre 1835 ; 1er de la loi du 17 mai 1819 ; 1er de la loi du 29 octobre 1830, 8, 10 et 11 de la loi du 26 mai 1819 ;

En ce qui touche la question de compétence :

Attendu que

1° La provocation par l'un des moyens énoncés en l'art. 1er de la loi du 17 mai 1819, au crime prévu par l'art. 87 du Code pénal, soit qu'elle ait été ou non suivie d'effet ;

2° L'attaque par les mêmes moyens contre le principe ou la forme du gouvernement établi par la Charte de 1830, tels qu'ils sont définis par la loi du 29 nov. 1830, lorsqu'elle a pour but d'exciter à la destruction ou au changement du gouvernement,

Sont rangées par les art. 1er et 5 de la loi du 9 sept. 1835, dans la classe des attentats contre la sûreté de l'Etat et se trouvent dès lors comprises dans la disposition de l'art. 28 de la Charte constitutionnelle ;

Attendu qu'il résulterait des faits énoncés dans le réquisitoire que ces provocation et attaque auraient été commises par l'impression, la publication et la distribution de l'écrit intitulé : *Relation historique des événements du* 30 *octobre* 1836, commençant par ces mots : *Vingt ans d'exil pesaient sur la famille de l'empereur*, et finissant, avant les pièces justificatives, par ceux-ci : *Telle était ma manière de voir* ;

Attendu que le mode et les circonstances de cette publication, le grand nombre d'exemplaires gratuitement distribués en divers lieux et dans le but ci-dessus indiqué, imprimeraient à cet attentat le caractère de gravité qui doit déterminer la cour à s'en réserver la connaissance ;

En ce qui touche les exemplaires de l'écrit ci-dessus désigné, saisis :

1° Au domicile de Laity, le 21 de ce mois ; 2° au domicile de Thomassin, le même jour ; 3° au domicile de Saint-Edme, ledit jour ; 4° au domicile de Soubriez, le 22 du même mois ; 5° au domicile de Landois, le 23 du même mois ; 6° enfin, au domicile de Marchal, le même jour.

Attendu que lesdites saisies ont été régulièrement notifiées les 22 et 23 de ce mois.

Au fond :

En ce qui concerne :

Thomassin (Louis-Benjamin-Constant),

Landois (Camille),

Femme Lamotte (Juliette-Françoise de Lançay).

Attendu que de l'instruction ne résultent pas contre eux charges suffisantes de culpabilité.

En ce qui concerne :

Laity (François-Armand-Ruppert),

Attendu que de l'instruction résultent contre lui charges suffisantes de s'être rendu coupable de l'attentat ci-dessus qualifié ;

Crime prévu par les art. 1 et 5 de la loi du 9 sept. 1835, 1 de la loi du 17 mai 1819, 1 de la loi du 29 nov. 1830, 87 du Code pénal ;

La Cour :

Se déclare compétente ;

Maintient les saisies sus-énoncées ;

Déclare n'y avoir lieu à suivre à l'égard de Thomassin, Landois et femme Lamotte ;

Ordonne la mise en accusation de François-Armand-Ruppert Laity.

Ordonne en conséquence que ledit Laity (François-Armand-Ruppert), âgé de vingt-cinq ans, né à Lorient (Morbihan), demeurant en dernier lieu à Paris, rue Feydeau, n° 30 ; taille de 1 mètre 66 centimètres, cheveux et sourcils blonds, yeux gris, nez bien fait, bouche moyenne, menton rond et visage ovale ;

Sera pris au corps et conduit dans telle maison d'arrêt que le président de la cour désignera pour servir de maison de justice près d'elle ;

Ordonne que le présent arrêt, ainsi que l'acte d'accusation dressé en conséquence, seront, à la diligence du procureur-général du Roi, notifiés audit accusé ;

Ordonne que les débats s'ouvriront le lundi 9 juillet prochain ;

Ordonne que le présent arrêt sera notifié à la diligence du procureur-général du Roi.

Fait et délibéré au palais de la cour des pairs, à Paris, le jeudi 28 juin 1838, en la chambre du conseil.

— Voici les bruits qui ont transpiré dans le public sur les débats qui ont précédé l'arrêt par lequel la cour des pairs s'est déclarée compétente :

M. de Schonen a pris la parole pour combattre le rapport ; il a rappelé qu'il avait combattu les lois de septembre et s'est fondé sur des motifs puisés dans la révolution de juillet pour soutenir que la chambre ne serait fondée à déclarer sa compétence que pour des motifs d'une haute gravité et constituant un véritable danger pour l'existence du gouvernement. Il a en conséquence conclu à ce que la cour renvoyât l'affaire devant le jury. M. de Schonen a été combattu par M. Mérilhou qui, avec un zèle ministériel, a voté pour la déclaration de compétence.

M. Pelet (de la Lozère), a pris la parole après lui et a parlé

avec convenance et dignité dans le même esprit que M. Schonen;

M. le général Pelet a voté dans le même sens.

M. Villemain a parlé avec une verve et un talent remar-
quables; on dit qu'il a produit beaucoup d'effet sur la chambre, et qu'il a obtenu les honneurs de la séance.

M. Cousin a aussi parlé avec talent. Les autres orateurs qui
se sont prononcés contre la compétence, sont : MM. Bignon,
Cambacérès, Daru, Gauthier de la Gironde, Perregaux,
Excelmans, duc de Richelieu, duc de Crillon, marquis de
Dreux-Brézé, duc de Noailles, vicomte Dubouchage, duc de
Praslin, la Villegontier.

Ont parlé dans le sens opposé :

M. de Portalis, qui s'est exprimé, dit-on, avec beaucoup de
vivacité;

M. Saint-Aulaire, qui a motivé son opinion principalement
sur l'effet que l'affaire de Strasbourg a produit à l'étranger,
effet qui a été pire, suivant lui, que la perte de quatre batailles;

M. Séguier, qui a prononcé un discours anecdotique;

Enfin M. Pasquier.

Après une discussion qui a duré deux heures, le scrutin a
constaté la présence de 152 pairs; ont voté pour la compétence, 133; contre, 19. La mise en accusation a été prononcée par 148 voix contre 5.   (*Courrier.*)

— On disait ce soir que la discussion avait été longue, ani-
mée, éloquente; on nommait MM. Cousin, Pelet (de la
Lozère) et M. Villemain, comme ayant parlé avec beaucoup
d'énergie contre la compétence. M. Cousin n'était pas dans la
même situation que M. Pelet (de la Lozère) et M. Villemain,
qui ont parlé et voté contre les lois de septembre : M. Cousin
les a défendues et votées, comme chacun sait. Mais, dans la
circonstance présente, l'accord de ces orateurs tirait une force
nouvelle de leur différence même d'opinion sur les lois qu'il
s'agissait d'appliquer. M. Pelet (de la Lozère) pouvait développer avec la droiture de raison, la modération de caractère
et la gravité de langage qu'on lui connaît, les motifs qui auraient dû engager le ministère et la Cour à ne point avoir
recours à des lois d'intimidation dans un temps de concilia-

tion et de calme, et à s'abstenir d'appliquer à un délit justiciable des tribunaux ordinaires une législation toute exceptionnelle. M. Villemain pouvait plaider encore une fois la cause du jury, qu'il a si souvent et si éloquemment défendue, il pouvait commander, à force d'esprit, de raison, de brillant langage et de chaleureuse éloquence, l'attention de la chambre, dont il ne lui était pas donné de changer la conviction ; il pouvait invoquer avec plus de puissance encore contre l'application de la loi tout ce qu'il avait dit de fort, d'ingénieux, de concluant contre la loi même. M. Cousin ne pouvait user des mêmes arguments ; mais il lui était impossible d'invoquer la raison d'état et d'établir victorieusement que, si le danger n'était pas, à son avis, dans la loi même, il était bien certainement dans le procès ; il pouvait faire comprendre à la Cour quelle faute on avait commise en élevant un obscur pamphlet au rang d'un attentat ; il pouvait demander si ce n'était pas donner au prince Louis l'importance d'un prétendant sérieux, et à ses amis l'apparence d'un parti, que de les poursuivre devant le tribunal qui ne juge que les grands conspirateurs, les prétendants et les partis insurgés. M. Cousin pouvait donner à ces considérations, qui auraient dû frapper, ce nous semble, le gouvernement tout le premier, l'autorité de sa parole véhémente, élevée et incisive.

(*Temps.*)

— Parmi les pairs qui se sont abstenus de siéger, on cite les noms de MM. *de Broglie, Humann* et *Charles Dupin.*

(*Constitutionnel.*)

Extrait des procès-verbaux de perquisitions et interrogatoires dressés à Paris et dans différentes villes de France.

1. 21 juin à midi. — Commissaire de police, Grouffier. — Saisie chez M. Laity, à Paris, rue Feydeau, n° 30, de 206 exemplaires de la brochure, d'un petit portefeuille en cuir de Russie, d'une lettre du prince *Napoléon-Louis* et de différents autres papiers. — M. Laity, qui avait été extrait de la Préfecture pour assister à cette saisie, a été conduit ensuite à la Conciergerie et mis au secret.

2. 21 juin à midi et demi. — Commissaire de police, Colin. — Saisie chez M. Thomassin, imprimeur, rue Saint-Sauveur, n° 30, de huit exemplaires de la brochure. — M. Thomassin a déclaré avoir tiré 5,000.

3. 21 juin à 6 h. 1/2 du soir. — Commissaire de police, Colin. — Perquisition inutile chez M. Belmontet, homme de lettres, rue Pigale, n° 2.

4. 21 juin à 7 h. 1/2 du soir. — Commissaire de police, Chauvin. — Saisie chez M. Saint-Edme, homme de lettres, rue des Boucheries Saint-Germain, n° 38, de trente exemplaires de la brochure.

5. 21 juin à 9 h. 1/2 du soir. — Commissaire de police, Colin. — Reconnaissance du livre journal de M. Thomassin, imprimeur : il en résulte que le tirage de la brochure a eu lieu à 10,000.

6. 22 juin à 6 h. du soir. — Commissaire de police, Truy. — Perquisition chez MM. Perrottet et Monniot, brocheurs, rue Cassette, n° 22 : saisie de 96 feuilles de défets.

7. 22 juin à midi. — Commissaire de police, Colin. — Saisie de 200 exemplaires de la brochure chez M. Soubriez, concierge de la maison n° 30, rue Feydeau, chez qui ils avaient été remis la veille pour M. Laity.

8. 22 juin. — Commissaire de police, Grouffier. — Perquisition inutile chez M. le général Guillaume de Vaudoncourt, rue de la Madeleine, n° 3.

9. 22 juin. — Interrogatoire de M. Thomassin : il a imprimé et tiré à 10,000.

4

10. 22 juin. — Interrogatoire de madame LAMOTTE, associée de M. LANDOIS, libraires, rue Hautefeuille, nº 14 : elle ignore qui a envoyé à son magasin les 145 brochures saisies chez elle et les 9 qu'elle avait déjà vendues.

11. 22 juin. — Interrogatoire de M. LEGRAND, commis chez M. LANDOIS : même déclaration que la précédente.

12. 22 juin. — Interrogatoire de M. SOUBRIEZ : M. LAITY a loué dans la maison dont il est le concierge, le 4 juin et pour une quinzaine ; il a vu peu de monde et sortait rarement ; M. Soubriez ne l'a pas vu introduire les exemplaires trouvés chez lui ; les lettres qu'il a reçues portaient toutes le timbre de Paris.

13. 22 juin.—Commissaire de police, Saint-Lary.—Perquisitions inutiles chez tous les libraires de BLOIS.

14. 22 juin.—Commissaire de police, Colin.—Saisie de la main-courante de M. LANDOIS.

15. 23 juin.—Commissaire de police, Truy.—Ayant su que, le 21, 148 exemplaires de la brochure avaient été saisis chez M. LANDOIS et portés au greffe de la Cour des pairs, cet officier public s'est transporté audit greffe, où il a réclamé de M. Chauvin, commis-greffier, la représentation du paquet formé de ces exemplaires, l'a étiquetté et scellé.—Il paraît que le paquet avait été enlevé du magasin de M. Landois le 21, sans procès-verbal de saisie, puisque ce procès-verbal n'est point aux pièces signifiées, et que le commissaire Truy a dû légaliser, le 23, l'enlèvement opéré.

16. 23 juin.—Interrogatoire de M. LANDOIS : mêmes réponses que celles faites par madame LAMOTTE.

17. 23 juin.—Commissaire de police, Grouffier.—Saisie au domicile de M. LAITY d'une petite lettre signée *Napoléon-Louis*, de pistolets et d'effets divers.

18. 23 juin. — Commissaire de police, Colin. — Procès-verbal d'investigations sur les habitudes, les relations, les occupations de M. LAITY : il voyait MM. le baron Félix *Desportes,* le marquis de *Beauharnais, Lombard.*

19. 23 juin. — Commissaire de police, Colin. — Saisie chez M. LOMBARD, ancien aide-de-camp du prince *Napoléon-Louis,* rue Clément, nº 6, d'une lettre de M. *Laity.*

20. 23 juin.—Interrogatoire de M. Lombard : il ignore si M. *Laity* est l'auteur de la brochure.

21. 23 juin.—Interrogatoire de M. Perrottet : il a livré à M. *Laity* tous les ballots au fur et à mesure de la brochure, *en plein jour et sans mystère.*

22. 23 juin.—Commissaire de police, Bruzelin.— Perquisition chez M. Mareehal, maître-d'hôtel de madame la comtesse La Vallette, rue Matignon, nº 10, et saisie de deux exemplaires de la brochure.

23. 23 juin.—Commissaire de police, Grouffier.—Perquisition chez madame veuve Gordon, rue Saint-Honoré, nº 373, et saisie d'un alphabet en chiffres sténographiés et de vers contre le roi Louis-Philippe.

24. 23 juin.—Interrogatoire de M. et madame Soubriez : ils produisent leur livre de police et déclarent n'avoir vu venir chez M. *Laity* que MM. le marquis de *Beauharnais*, Félix *Desportes* et *Lombard*.

25. 23 juin.—Commissaire de police, Colin.—Enquête à l'administration des postes : *Laity* a déposé deux exemplaires à l'adresse du *Prince Louis*, ou du *prince Napoléon*, en Suisse.

26. 23 juin.—Interrogatoire de M. Jamme, commis chez M. *Thomassin :* ne sait rien, et a vu M. *Laity* sans le connaître.

27. 23 juin.—Rapport de M. *Oudard*, expert-écrivain : les feuillets du manuscrit sont de la main de M. *Laity*, et les notes marginales de la main du prince *Napoléon-Louis*.

28. 24 juin.—Commissaire de police, Dourlens.—Perquisition inutile chez M. Legay, traiteur, rue de Bretagne, n. 35.

29. 24 juin.—Commissaire de police, Truy.—Perquisitions inutiles chez MM. 1º Astier, libraire, rue St-Louis, au Marais, n. 47; 2º St-Jorre, libraire, boulevart des Italiens, n. 7 ; 3º Bohaire, libraire, boulevart des Italiens, n. 10; 4º Dauvin et Fontaine, libraires, passage des Panoramas, n. 35; 5º Chaumerot, libraire, galerie d'Orléans, n. 4 ; 6º Dentu, libraire, galerie d'Orléans, n. 13; 7º Maison, libraire, quai des Augustins, n. 29.

30. 25 juin — Deuxième interrogatoire de M. Landois : il a supposé que c'était à cause de sa qualité d'éditeur de la

Biographie des hommes du jour qu'on lui avait envoyé des exemplaires de la brochure.

31. 25 juin. — Interrogatoire de M. le baron Félix Des-portes : n'a vu M. *Laity* qu'une fois depuis son arrivée à Paris, et pendant une demi-heure, et il ne lui a pas parlé de la brochure qui a été ensuite publiée.

32. 25 juin. — Commissaire de police, Truy. — Procès-verbal d'investigation au ministère de l'intérieur : M. *Tho-massin* a fait sa déclaration d'impression le 12 juin et de ti-rage à 5,000 ; il a fait le dépôt d'usage en librairie le 15 ; l'annonce de la brochure n'a eu lieu dans le *Journal général de l'imprimerie* que le 23.

33. 25 juin. — Commissaire de police, Hémery. — Perqui-sitions inutiles faites, à Toulouse, chez les libraires *Prunet, Cassé, Sénac, Delboy* fils, *Paya, Despax, Rey, Dagalier, Pradel, Gimet* et *Corne*, au bureau de la *Gazette du Languedoc*, et dans les *bureaux des messageries*.

34. 26 juin. — Rapport de M. *Simonnin*, traducteur-inter-prète : Traduction de deux billets de voyageur.

35. 26 juin. Interrogatoire de M. Belmontet : A vu deux fois M. *Laity* ; a reçu plusieurs exemplaires de la brochure, sans savoir qui la lui a envoyée ; il a été étonné qu'on ne lui ait pas communiqué le manuscrit.

36. 26 juin. — Interrogatoire de M. Leguay : Ne connaît pas M. *Laity* et n'a pas reçu d'exemplaires de la brochure.

37. 26 juin. — Interrogatoire de M. Ledoux, employé chez M. *Éverat*, imprimeur : Il a engagé M. Éverat à ne pas im-primer la brochure.

38. 26 juin. — Interrogatoire de M. le général Guillaume de Vaudoncourt : Ne connaît pas M. *Laity* et n'a pas reçu d'exemplaires de la brochure.

39. 26 juin. — Interrogatoire de M. Forget, étudiant en droit, rue Matignon, 10 : a vu M. Laity dans le monde, et n'a jamais eu de rapports avec lui ; n'a pas distribué de brochu-res ; les deux lettres qu'on lui représente sont de madame la baronne de Forget, sa mère : l'assignation qui lui a été remi-se porte le nom de son père mort depuis plus d'un an.

40. 26 juin. — Interrogatoire de M. B. Saint-Edme : Il ne connaît pas M. Laity ; n'a reçu qu'une cinquantaine d'exem-

plaires de la brochure et non 650 ; en a distribué une ving-
taine à des personnes de sa connaissance, particulièrement au
ministère de la guerre ; suppose que ces exemplaires lui ont été
envoyés parce qu'il a inséré dans la *Biographie des hommes du
jour* la notice du prince *Napoléon-Louis*, et qu'il a publié le
procès de Strasbourg.

41. 27 juin.—Interrogatoire de madame Louise-Joséphine
Lavallette, baronne de FORGET : reconnaît les deux lettres
qu'elle a écrites à M. *Laity* ; a reçu de lui quelques brochures
et les a distribuées.

42. 27 juin.—Interrogatoire de mademoiselle *Hortense* de
BÉAUHARNAIS : reconnaît le billet qu'elle a écrit à M. *Laity* pour
lui demander quelques brochures, qu'il lui a envoyées et
qu'elle a données à des amis ; n'a vu M. *Laity* qu'une fois.

43. 28 juin.—Rapport de MM. *Oudart* et *Chevalier* : ils
n'ont pu reconnaître les tracés au crayon, puis surchargés,
tracés qui existent sur un des feuillets du portefeuille de
M. *Laity*.

44. 28 juin.—Commissaire central de police, Marlot, agissant en vertu d'une dépêche télégraphique.—Perquisitions
faites à la direction des postes, dans tous les bureaux de dili-
gences, chez tous les libraires, dans tous les cabinets littérai-
res de *Marseille*. M. Marlot déclare qu'il n'a pu découvrir aucun exemplaire de *l'imprimé saisi et déféré à la Chambre des
Pairs comme incendiaire et séditieux.* Il ajoute que *si l'expédi-
tion annoncée de 25 exemplaires s'est réellement effectuée, l'envoi
aura été fait individuellement aux gens connus par leurs principes démagogiques.*

45. 4 juillet.—Commissaire de police, Brade, employé à
Avallon.—Saisie de deux exemplaires, l'un chez GUILLOUX,
teinturier, l'autre chez mademoiselle REPOSEUR, ouvrière.
Tous deux avaient trouvé ces brochures dans la rue pendant
la nuit.—M. Brade affirme un fait incroyable, et que nous
rapportons dans les termes dont il s'est servi : AUCUN *de ces
exemplaires n'*ONT *été mouillés, vu que pendant toute la soirée il y
avait plu avec abondance.*

46. 4 juillet.—Même commissaire de police de la ville d'A-
vallon.—Saisie d'une brochure chez le cordonnier TENADET,
qui la tenait du voiturier *Joublin,* lequel l'avait trouvée dans

son tombereau. — M. Brade n'a opéré cette saisie que le 4, quoiqu'il se fût présenté chez *Tenadet*, dit son procès-verbal, le 3, *à* 4 *heures du tantôt.*

<hr>

Acte d'accusation.

Voici le texte de l'acte d'accusation tel qu'il a été signifié à l'accusé :

« Le procureur-général du roi près la Cour des pairs·

« Vu l'arrêt d'accusation rendu le 28 de ce mois par la Cour des pairs, contre le nommé François-Armand-Ruppert Laity, âgé de vingt-cinq ans, ancien officier d'artillerie, né à Lorient (Morbihan), logé à Paris, rue Feydeau, 30;

« Expose que des pièces de l'instruction résultent les faits suivants :

« Un écrit répandu avec profusion dans Paris, vers le milieu de ce mois, a dû fixer aussitôt l'attention du gouvernement, non-seulement parce que sa publication paraissait constituer un crime prévu et réprimé par les lois, mais encore parce qu'il présentait le caractère d'un manifeste insolent lancé par un parti qui ne dissimulait ni ses espérances ni son but.

« Cet écrit était intitulé : *Relation historique des événements du* 30 *octobre* 1836 ; — *le prince Napoléon à Strasbourg.* Il portait, comme nom d'auteur, celui du sieur Armand Laity, ex-lieutenant d'artillerie, l'un des officiers qui s'étaient laissés entraîner dans la criminelle et téméraire entreprise tentée à Strasbourg, en 1836, par Charles-Louis-Napoléon Bonaparte.

« C'était donc l'un des conspirateurs qui publiait l'apologie de la conspiration ; car, malgré l'issue du procès dans lequel il a été compromis, on ne peut hésiter à désigner ainsi l'homme qui avoue hautement la part qu'il a prise à la révolte, et qui, en attribuant à la fatalité la prompte répression d'une tentative insensée, manifeste clairement pour l'avenir l'espoir d'une meilleure fortune.

« Le 21 juin, Laity fut arrêté; le même jour on saisit chez

lui 206 exemplaires de l'ouvrage incriminé. On en a saisi depuis 2 exemplaires chez un sieur Maréchal, 30 chez le sieur Saint-Edme, 148 chez un libraire auquel un individu resté inconnu les avait remis pour les vendre, 8 chez le sieur Thomassin, imprimeur, des presses duquel l'écrit était sorti , et 200 chez le portier de la maison dans laquelle demeure Laity. Une note trouvée dans les papiers de ce dernier paraissait indiquer que plusieurs autres personnes avaient aussi reçu une plus ou moins grande quantité d'exemplaires de cette même brochure. Mais des perquisitions faites au domicile de ces personnes n'ont produit aucun résultat. Quelques-unes ont reconnu avoir eu un certain nombre d'exemplaires en leur possession et en avoir distribué à leurs amis ; les autres ont prétendu n'en avoir pas reçu, et se sont trouvés à cet égard en contradiction avec l'accusé lui-même.

Quoi qu'il en soit, il résulte de la déposition et des livres de l'imprimeur, contraires sur ce point à la déclaration qu'il avait faite au bureau de la librairie, que l'écrit du sieur Laity a été tiré à 10,000 exemplaires. Le brocheur confirme la vérité de ce chiffre, et Laity reconnaît que les 10,000 exemplaires lui ont été livrés, et qu'il les a tous distribués gratuitement, à l'exception des 206 qui ont été trouvés chez lui. Quant aux 200 saisis chez son portier, ils ont été apportés depuis l'arrestation de l'accusé, par un inconnu qui probablement les avait reçus pour les distribuer, et que les recherches de la justice ont inquiété.

« Ce n'est pas seulement à Paris que cet ouvrage a été répandu, les notes de Laity indiquent qu'il en a été expédié dans divers départements et notamment à Toulouse, à Blois et à Marseille, des quantités plus ou moins considérables d'exemplaires. On sait aussi qu'il en a envoyé à Strasbourg. Laity, sans vouloir indiquer les moyens employés pour la distribution, ni les lieux différents où elle s'est étendue, convient qu'il en a fait colporter dans Paris un grand nombre d'exemplaires, et qu'il en a envoyé en province de côté et d'autre. Il aurait voulu, dit-il, en faire parvenir dans toutes les villes et dans tous les villages. On ajoutera enfin que cet écrit a été traduit en langue allemande, et imprimé à Stuttgard par les soins de ceux qui en ont préparé en France la publication.

« Il est important de remarquer la rapidité avec laquelle s'est effectuée cette distribution de dix mille exemplaires. C'est le 17 juin seulement que les dernières livraisons ont été faites. Les premières n'avaient eu lieu que le 14 ou le 15 du même mois, et, le 21, Laity n'avait plus en sa possession que 206 exemplaires. Il serait impossible, comme on lui a fait remarquer dans un de ses interrogatoires, que cette distribution eût pu être complétée dans un si court intervalle, s'il n'avait pas été établi en différentes mains des dépôts dont chacun devenait le centre d'une distribution particielle. Une note écrite par l'accusé, et saisie dans ses papiers, semble confirmer cette induction ; mais il a refusé de s'expliquer sur ce point, et l'instruction n'a pas pu recueillir de plus précises indications. Il n'a pas voulu faire connaître non plus à quelle source ont été puisés les fonds avec lesquels ont été soldées les dépenses de l'impression et de la publication, et ce refus suffit pour établir qu'il n'y a pas seulement employé ses facultés personnelles.

« Déjà ces circonstances conduisent à penser que la publication de l'ouvrage déféré à la Cour ne peut être considérée comme le fait individuel d'un écrivain qui exprime, à ses risques et périls, ses opinions et ses sentiments. C'est Laity qui a composé, en grande partie du moins, cet écrit et qui l'a fait imprimer ; c'est à lui que les exemplaires ont été livrés ; mais ni la pensée, ni l'exécution de cette manifestation coupable ne doivent lui être exclusivement attribuées.

« Après son acquittement à Strasbourg, Armand Laity était venu passer quelques semaines à Paris, et s'était ensuite retiré à Lorient, son pays natal. La démission par lui donnée du grade d'officier d'artillerie a été acceptée le 26 mai 1837. Plus tard, il a été rejoindre en Suisse Louis-Napoléon, et, depuis le mois de janvier dernier, il habitait avec lui à Arenemberg ; c'est là, c'est sous les yeux de l'homme à la fortune duquel il s'était si malheureusement associé à Strasbourg, qu'il a composé l'ouvrage qui l'amène devant la Cour. Le manuscrit a été saisi ; il porte des corrections et des notes qui émanent de Louis-Napoléon. Laity ne cherche pas à le cacher, et il convient même que d'autres passages encore peuvent appartenir au chef qu'il s'est donné.

« On a saisi en la possession de l'accusé une lettre qui n'est signée que de la lettre N., mais qu'il reconnaît lui avoir été écrite par Louis-Napoléon. Elle est datée du 11 juin; on y lit ce qui suit : « J'ai été bien aise de recevoir des nouvelles « de votre arrivée; car nous commencions à être inquiets « sur votre compte. Je suis très-content de ce que vous me « dites de C., et je me réjouis d'avoir été doublement trompé « dans mon attente. J'avais bien prévu d'avance qu'il y au- « rait encore des difficultés qu'on ne devine pas toujours de « loin. Mais ce qu'il est essentiel que je sache, c'est le maxi- « mum des peines. Écrivez-le moi le plus tôt possible. Dites à « B. que s'il trouve des phrases mal rédigées sous le rapport « du style, il me fera grand plaisir de les rectifier; mais je ne « veux pas que cela entraîne la moindre modification dans « les idées... Vous trouverez chez M. 369, 1, 28, 4, une lettre « pour vous.....

« Cette lettre se rapporte évidemment, et Laity n'en disconvient pas, à la publication de l'ouvrage incriminé. Elle établit d'abord que Louis-Napoléon et son agent ne se dissimulaient ni l'un ni l'autre le péril auquel on s'exposait en publiant cet écrit, et les répressions qu'on pouvait encourir. Il fallait donc qu'ils y attachassent un intérêt assez puissant et des espérances assez élevées pour se porter à braver les conséquences de la publication. Cette même lettre vient encore à l'appui des notes du manuscrit, pour prouver que, relativement, du moins, au fond des choses, l'écrit a reçu l'approbation de Louis-Napoléon; qu'il s'en est approprié les idées, qu'il en a calculé la portée et que la publication s'effectue, sous son autorité, dans un intérêt et dans des vues dont il veut rester l'arbitre suprême. Ajoutons que, dans cette missive, des lettres conventionnelles et une série de chiffres employés pour désigner les personnes dont on parle, annoncent des mesures prises à l'avance pour une correspondance compromettante et qui exige le mystère.

« Ainsi, lorsqu'il quittait le château d'Arenemberg et Louis-Napoléon, dans le seul but de venir à Paris faire imprimer la relation des événements de Strasbourg; lorsqu'il faisait cette publication à l'aide de fonds qui lui étaient fournis; lorsqu'il distribuait gratuitement dix mille exemplaires de cet écrit, Armand Laity n'agissait pas sous la seule inspiration de ses opinions et de ses sentiments personnels: c'était l'agent accrédité d'un jeune homme qui avait déjà essayé de se faire chef de parti, et de s'ouvrir, par une sédition militaire, un chemin vers l'empire.

« On se rappelle cette aventureuse tentative de Strasbourg et sa prompte répression. La France n'en fut pas émue comme d'un danger qui menaçât le trône élevé en juillet et les institutions sur lesquelles il s'appuie, car elle est sûre d'elle-même et sait bien qu'il n'appartient à personne de dominer malgré elle ses destinées ; mais elle déplora que des officiers français eussent violé le plus sacré de leurs devoirs, en appelant à la révolte les soldats placés sous leurs ordres ; elle s'affligea en pensant que cette trahison aurait pu forcer des mains françaises à répandre le sang français ; elle regretta qu'un grand nom et de glorieux souvenirs eussent été au service d'une sédition sans portée et d'une ambition sans titre.

« Et c'est dix-huit mois après cette malheureuse agression qu'on renouvelle à Paris, par la voie de la presse, ce qu'on avait tenté à Strasbourg par celle des armes. Une rapide analyse de l'écrit déféré à la cour des pairs suffira pour en faire ressortir le caractère et le but. La première pensée qui préoccupe l'auteur de cet écrit, c'est celle de conquérir, pour ce qu'il appelle le parti napoléonien et pour l'homme qu'il en proclame le chef, une consistance que l'opinion leur refuse et que ne leur donnerait certainement pas l'événement de Strasbourg raconté dans sa vérité. A la place d'une sédition tentée par quelques officiers qui ont abusé de leurs grades pour entraîner un petit nombre de soldats égarés, et dont les efforts ont promptemet échoué, on suppose l'exécution d'une entreprise longuement méditée, déterminée par de graves investigations sur l'état de la France, et dont les chances de succès, froidement pesées, n'ont été détruites que par une inconcevable fatalité ; on ne craint pas d'affirmer l'existence d'un parti qui a dans le pays de profondes racines ; qui, dès l'année 1832, était maître d'un corps d'armée tout entier, dont les chefs comme les soldats lui appartenaient, et qui, forcé d'ajourner ses espérances, n'a pas cessé de préparer ses moyens d'action et son jour de victoire.

« Ce parti est, suivant l'auteur de l'écrit, le seul et vrai tuteur de la cause populaire, cette pupille banale de toutes les
ambitions ; Louis Napoléon en est le représentant. C'est le légitime héritier de la dignité impériale. On appuie ses droits
sur les votes qui ont fondé en l'an 12 l'empire héréditaire, en
faisant abstraction des temps, des faits et des actes qui ont été,
depuis cette époque, la réalité de notre histoire ; et on ne
craint pas de présenter l'établissement de 1830 comme une
trahison envers les intérêts les plus sacrés du pays.

« Au soutien de cette légitimité exhumée, dans laquelle on
se plaît à montrer une garantie de liberté pour les uns, d'ordre pour les autres, et un souvenir de gloire pour tous, on
appelle le principe de la souveraineté populaire, les sympathies de l'armée, l'assentiment unanime des partis, et, pour
ne rien oublier, l'approbation des cours étrangères. D'une
part, on calomnie le gouvernement du roi, en affirmant qu'il
n'a acheté le repos à l'intérieur qu'au prix des libertés du pays,
et la paix à l'extérieur qu'au prix de sa dignité ; et, de l'autre, on s'efforce de faire croire que Louis Napoléon concilie-
rait facilement la force et la stabilité du pouvoir avec les libertés populaires les plus étendues ; que toutes les factions
aujourd'hui hostiles s'empresseraient, soudainement calmées,
de se rallier à sa voix, et que son avènement ne troublerait
pas le repos de l'Europe ; on rapporte la conversation ou les
correspondances qu'ils auraient eues avec des hommes dont
on suppose que le nom peut faire autorité dans les partis, et
l'on en induit des promesses de concours ou du moins de neu-
tralité bienveillante. Que dirons-nous enfin ? après avoir haut-
tement proclamé que Louis Napoléon est assuré des sympathies populaires, de l'assentiment de l'armée, on suppose que
des hommes considérables l'appellent au secours de la France
fatiguée d'un état précaire et menacée de bouleversements.
« Son grand nom, ses opinions, son caractère, font voir en lui
« le point de ralliement de la cause populaire. Qu'il se trouve
« prêt à agir lorsque le temps sera venu, ses amis ne lui man-
« queront pas. »

» Telle est l'avant-scène que construit pour le drame de
Strasbourg l'auteur de l'écrit dénoncé, telle est la position
qu'il fait au prince avant sa rencontre avec le colonel Vau-

drey ; c'est ainsi qu'il croit parvenir à donner de l'importance au parti napoléonien, à son chef avoué, et à la malheureuse entreprise par laquelle il s'est révélé. A l'entendre, Louis Napoléon pouvait, avec raison, croire qu'il lui suffirait de se présenter devant la garnison de Strasbourg pour l'entraîner dans sa cause, marcher avec elle sur Paris, soulever partout sur son passage la population et les troupes, et opérer en peu de jours une grande révolution.

» On aura de la peine à comprendre l'audace, nous ne voulons pas dire l'extravagance, de ces assertions. Plus est grand le nom de Napoléon, plus est lumineuse la trace que son passage a laissée, moins il semble possible qu'on ose affecter son héritage et revendiquer comme sien le fardeau de sa gloire. Cette témérité excitera-t-elle toutefois plus de surprise que cette profonde intelligence de la situation, des besoins et des intérêts actuels du pays, et cet anachronisme d'une insurrection prétorienne au milieu d'un peuple qui, sans déposer son épée, a placé dans son blason les tables de la loi, et dont la civilisation grandit chaque jour par les arts et les conquêtes de la paix?

» Mais il ne s'agit pas d'entreprendre ici l'inutile réfutation, ni des aperçus de l'auteur de l'écrit dénoncé, ni des faits sur lesquels il les appuie. Ce qu'il importe d'établir, c'est l'existence des attentats dont il est accusé, et il suffit, pour atteindre ce but, de rapprocher du texte de la loi le texte de son ouvrage. Quelle provocation à la destruction et au changement du gouvernement établi peut être plus directe et plus formelle que celle qui résulte d'un écrit où l'on propose ouvertement un autre gouvernement comme méritant seul les sympathies de la nation et de l'armée, comme pouvant seul devenir le tuteur des intérêts et le gardien de la dignité du pays, comme soutenu par un parti puissant, comme devant être accueilli par un assentiment unanime? Où trouver jamais une attaque explicite contre le principe et la forme du gouvernement fondé en 1830, et l'intention manifeste de donner à cette attaque la portée nécessaire pour exciter à la destruction ou au changement de ce gouvernement, si ce n'est dans un écrit où l'on oppose, au droit du roi que la nation s'est donné par un contrat solennel, les droits surannés d'une autre dynastie élevée par un grand homme, et morte tout entière avec lui ?

» Au reste, ces attaques contre le gouvernement fondé en juillet, ces vœux d'une révolution qui appelle au trône Louis Napoléon, ne sont pas niés par Laity. Lorsque, dans un premier interrogatoire, on lui avait fait connaître les caractères légaux de l'attentat qui lui était imputés, il avait répondu : « Le délit est évident; je me réserve de me défendre devant » mes juges, en faisant observer toutefois que la brochure » est rédigée en termes inoffensifs. » Plus tard, il a expliqué qu'en faisant cette réponse il avait seulement voulu dire que l'existence de la brochure était patente. Mais, dans un autre interrogatoire, il reconnaît qu'il attaque, par son écrit, le gouvernement fondé en juillet, et qu'il y exprime l'opinion que le prince Louis Napoléon est le chef qui convient le mieux à la France.

» Ainsi donc, dans cette première partie de son écrit, Armand Laity s'est rendu coupable des attentats qui lui sont reprochés; le reste est consacré au récit de l'événement de Strasbourg et aux faits qui l'ont suivi. Dans ce récit constamment apologétique, il s'attaque surtout à présenter la révolte comme ayant toujours été appuyée par les sentiments des soldats et les dispositions du peuple. Pour en arrêter les conséquences, il a fallu, selon lui, recourir au mensonge : la fatalité seule a fait échouer l'entreprise; les officiers mêmes qui restaient fidèles à leur devoir ne le faisaient qu'à regret et en combattant leurs secrètes affections; il se vante d'avoir enlevé lui-même au profit de la révolte les pontonniers placés sous ses ordres.

» Il représente ensuite le gouvernement comme frappé de consternation par la nouvelle de ces attentats; il attribue à la peur, à l'impassibilité de garder le prince en France et de l'y faire juger, l'acte de clémence inspiré par le sentiment de respect qui s'attache au nom illustre qu'il porte. Quatre-vingts officiers généraux ou supérieurs auraient protesté contre la mise en accusation de Louis Napoléon. Plusieurs pairs auraient récusé la mission de juger, et le verdict du jury aurait été dicté par la sympathie qu'inspire la cause napoléonienne.

« C'est ainsi qu'Armand Laity, en avouant hautement la

part qu'il a prise à la tentative de révolte, s'efforce non seulement de justifier cette tentative, mais de la glorifier ; il veut la légitimer dans son principe, la réhabiliter dans ses moyens, l'agrandir dans ses conséquences ; il la montre sérieuse et grave pour la montrer toujours menaçante ; il exalte sa cause pour lui donner des prosélytes. Par l'apologie de la sédition réprimée, il appelle la sédition à venir. Aussi n'oublie-t-il pas de publier, dans les pièces justificatives de son écrit, les proclamations que Louis-Napoléon, au moment de la sédition, avait adressées au peuple et à l'armée, et qui renferment à chaque mot les plus vives attaques contre le gouvernement du roi, les provocations les plus violentes à la révolte ; il croit s'excuser en les qualifiant de pièces historiques et en rappelant qu'elles ont été déjà rendues publiques ; mais ce moyen de justification n'est pas admissible, quand l'ouvrage auquel elles sont jointes a lui-même un caractère de provocation qu'elles viennent aggraver.

« On doit encore signaler ici comme présentant aussi les caractères des attentats dont Armand Laity est accusé, la publication d'un lettre adressée à M. O.-Barrot, et dans laquelle Louis Napoléon cherche à établir la légalité de ses droits que n'ont pu abolir, dit-il, ni les douze cent mille étrangers en 1815, ni la chambre en 1830 : mettant ainsi, en quelque sorte, sur la même ligne l'invasion étrangère et le libre vote des représentants légaux du pays, agissant sous les yeux de la nation tout entière debout et armée ; c'est à l'occasion de cette lettre, où Louis Napoléon rappelle qu'il a revendiqué à Strasbourg les serments prêtés en 1815 à Napoléon II, que Laity a répondu dans l'un de ses interrogatoires que les serments étaient des singeries, et que par conséquent on n'était pas un grand scélérat pour les violer.

« Du reste, tout en reconnaissant, comme on l'a déjà vu, qu'il avait attaqué le gouvernement du roi, et que Louis Napoléon était le chef qui lui paraissait le mieux convenir à la France, Armand Laity s'est défendu d'avoir eu l'intention de provoquer à la révolte : sa brochure est la relation de faits qu'il croit exacts et d'opinions qu'il croit bonnes et qui sont les siennes. Il l'a publiée pour éclairer l'opinion sur les événements de Strasbourg ; il y a joint tous les documents né-

cessaires à l'intelligence des faits : tant pis pour le gouvernement s'ils lui sont nuisibles, tant mieux pour sa cause s'ils
lui sont avantageux.

« Mais ce système de défense peut-il être accueilli ? les faits
ont-ils été rapportés dans leur vérité, et suffit-il que les opinions subversives soient sincères pour qu'on ait le droit de
les publier et de leur chercher des prosélytes? Les lois du 9
septembre 1835 ont eu précisément pour objet de défendre le
gouvernement établi et la société contre ces dangereuses attaques que dirigent contre eux les partis ; elles ont garanti, par
une sanction plus sévère et par une plus haute juridiction
contre l'ardente polémique des factions, les intérêts les plus
chers du pays, c'est-à-dire la stabilité de son gouvernement,
le principe et la forme de ses institutions.

« Dans cette circonstance, ces intérêts ont été attaqués,
non-seulement par l'ouvrage d'un écrivain isolé, mais par
l'agent avoué d'un parti qui, après s'être révélé par une
odieuse agression, vient en quelque sorte prendre acte de ce
que l'impunité lui a permis de survivre à sa malencontreuse
tentative, se vanter d'avoir à sa disposition les éléments d'une
conspiration permanente ; et, jetant à l'armée, dans laquelle
il ose affirmer qu'il a des complices de tous les grades ; au
peuple, dont il sollicite le concours, des promesses de liberté
et des souvenirs de gloire, étaler au grand jour ses prétentions, publier hautement qu'il persévère dans la lutte, et chercher dans le récit mensonger de son passé les éléments de succès pour son avenir.

« En conséquence, François-Armand-Ruppert Laity est
accusé d'avoir, dans le cours du mois de juin 1838, commis
un attentat contre la sûreté de l'Etat, par l'impression, la publication et la distribution de l'écrit intitulé : *Relation historique des événements du* 30 *octobre* 1836, commençant par ces
mots : « Vingt ans d'exil pesaient sur la famille de l'Empereur, » et finissait avant les pièces justificatives, par ceux-ci :
« Telle était ma manière de voir. »

« Ledit écrit contenant : 1° Une provocation non suivie
d'effet au crime prévu par l'article 87 du code pénal; 2° une
attaque contre le principe ou la forme du gouvernement établi par la charte de 1830 , tels qu'ils sont définis par la loi du

27 novembre 1830; laquelle attaque aurait eu pour but d'exciter à la destruction ou au changement du gouvernement.

« Crime prévu par les article 1er et 5 de la loi du 9 septembre 1835, 1er de la loi du 17 mai 1819, 1er de la loi du 29 novembre 1830 et 87 du code pénal.

« Fait à Paris, au parquet de la cour des pairs, palais du Luxembourg, le 29 juin 1838.

« *Le procureur-général du roi.*

« Signé FRANCK-CARRÉ. »

Débats.

1re AUDIENCE. — 9 JUILLET.

L'intérieur de la salle a subi le même changement que pour le dernier procès par la cour des pairs. L'emplacement occupé par le bureau dans les séances législatives est aujourd'hui transformé en tribune publique. Le fauteuil du président est placé au premier banc qui touche au couloir de droite.

Au-dessous de la tribune qui a remplacé le bureau se trouve un banc fermé, destiné à recevoir l'accusé, qui est placé ainsi au milieu de la salle et en face de la cour. En avant et en dehors du banc de l'accusé deux bureaux sont disposés pour les défenseurs.

Les places réservées pour les membres du parquet sont situées à l'entrée du couloir de gauche.

Les tribunes publiques et réservées sont entièrement pleines. Parmi les auditeurs on distingue MM. Delahaye, conseiller à la cour royale; Alexandre Delaborde, Vivien, Larabit, Dumon, Liadière, Garnon, Estancelin, Hennequin, députés; le baron Félix Desportes, ancien miministre plénipotentiaire; Vieillard, ancien gouverneur du prince Napoléon-Louis; Lombard, ancien aide-de-camp du prince; Jules de La Rochefoucault, aide-de-camp du roi; l'ex-ministre Sauzet; plusieurs ambassadeurs et entre autres celui de Turquie.

A midi dix minutes l'accusé est introduit. Une épaisse moustache blonde donne à sa figure, qui est distinguée, un caractère d'énergie fortement prononcé. Sa taille est moyenne et bien prise, sa mise est élégante. Il va s'asseoir à son banc entre deux gardes municipaux.

Me MICHEL (DE BOURGES) et Me DELANGLE occupent les places réservées pour les défenseurs.

A midi un quart un huissier annonce la cour. MM. les pairs, en uniforme, l'épée au côté, le chapeau à plume à la main, entrent dans la salle ayant à leur tête M. le président Pasquier, revêtu de la simarre de chancelier.

M. Franck-Carré, procureur-général, assisté M. de Boucly, substitut, va prendre place au parquet.

Lorsque MM. les pairs sont tous placés, M. de Cauchy, remplissant les fonctions de greffier, fait l'appel nominal.

Cette opération constate la présence de 151 membres.

M. LE PRÉSIDENT. — Accusé, levez-vous. Quels sont vos nom et prénoms?

L'ACCUSÉ. — François-Armand-Ruppert LAITY.

M. LE PRÉSIDENT. — Votre âge?

L'ACCUSÉ. — Vingt-cinq ans.

M. LE PRÉSIDENT. — Où êtes-vous né?

L'ACCUSÉ. — A Lorient.

M. LE PRÉSIDENT. — Votre profession?

L'ACCUSÉ. — Aucune.

M. LE PRÉSIDENT. — Votre domicile.

L'ACCUSÉ. — A Arenemberg. (Léger mouvement).

M. LE PRÉSIDENT. — Asseyez-vous. — Après avoir rappelé aux défenseurs l'art. 316 du code d'instruction criminelle, le président ajoute : Accusé, faites attention à ce que vous allez entendre; le greffier va donner lecture des pièces de l'accusation.

M. CAUCHY lit les pièces que nous avons déjà données.

Lorsque cette lecture est terminée, M. le président ordonne à l'accusé de se lever.

M. LE PRÉSIDENT. — Vous êtes accusé d'avoir, dans le cours du mois de juin 1838, commis un attentat contre la sûreté de l'état, par l'impression, la publication et la distribution de l'écrit intitulé : *Relation historique des événements du 30 oc-*

tobre 1836, commençant par ces mots : « Vingt ans d'exil pesaient sur la famille de l'empereur », et finissant avec les pièces justificatives, par ceux-ci : « Telle était ma manière de voir. »

Ledit écrit contenant : 1° une provocation non suivie d'effet au crime prévu par l'art. 87 du code pénal; 2° une attaque contre le principe ou la forme du gouvernement établi par la charte de 1830, tels qu'ils sont définis par la loi du 27 novembre 1830 ; laquelle attaque aurait eu pour but d'exciter à la destruction ou au changement du gouvernement.

Huissier, présentez la brochure à l'accusé. (L'huissier exécute cet ordre).

M. LE PRÉSIDENT. — Reconnaissez-vous cette brochure ?

L'ACCUSÉ. — Oui, monsieur.

M. LE PRÉSIDENT. — Vous en reconnaissez-vous l'auteur ?

R. Oui, monsieur.

D. Reconnaissez-vous en avoir ordonné l'impression ?

R. Oui, monsieur.

D. A combien d'exemplaires l'avez-vous fait tirer ?

R. A dix mille exemplaires.

D. Les avez-vous tous reçus ?

R. Oui, monsieur.

M. LE PRÉSIDENT. — La parole est à M. le procureur-général.

Mᵉ MICHEL (de Bourges), défenseur de l'accusé. Je demande la parole. M. le président, j'ai l'intention de contester la compétence de la cour. Les conseils de l'accusé, tout en protestant d'avance de leur respect pour l'arrêt qui interviendra, sont d'avis que la question de compétence doit être discutée. Si la cour pensait qu'il vaut mieux qu'il soit plaidé sur le tout à la fois, nous n'y verrions aucun inconvénient; mais dans le cas où M. le procureur-général prendrait immédiatement la parole, nous demandons qu'il soit bien entendu que nous serons toujours admis à parler sur la compétence. (Oui! oui!)

M. LE PRÉSIDENT. — Il demeure bien entendu que vous pourrez toujours parler sur la compétence. La parole est à M. le procureur-général.

Réquisitoire de M. le procureur-général.

Messieurs, si vous êtes aujourd'hui appelés pour la première fois à exercer la haute juridiction que vous attribue la loi du 9 septembre 1835, c'est que pour la première fois aussi, depuis sa promulgation, cette loi a été audacieusement bravée. Elle n'avait pas pour but, elle ne devait pas avoir pour effet d'imposer silence à ces polémiques des partis qui sont un des dangers des gouvernements libres, mais qui sont aussi une de leurs nécessités les plus absolues, un de leurs ressorts les plus puissants.

Le législateur avait seulement espéré que ces dispositions nouvelles renfermeraient désormais cette lutte inévitable dans les limites que la constitution lui impose, et que les lois existantes n'avaient pas la force de lui faire toujours respecter. On voulait mettre un terme à ces provocations criminelles, à ce système de dénigrement et d'offenses, à ces attaques contre le principe et la forme du gouvernement, qui avaient pour but avoué le renversement de nos institutions, et dont la funeste portée avait été si douloureusement démontrée.

Cet espoir, messieurs, n'a pas été déçu. Les factions n'ont point cessé sans doute de chercher à répandre par les mille voix de la presse les principes, les idées, les sentiments sur lesquels elles s'appuient, et, trop souvent encore, elles ont encouru les répressions légales. Mais, du moins, elles n'arboraient plus l'étendard de la révolte ; on ne voyait plus apparaître ces publications ardentes dans lesquelles l'offense prodiguée sans pudeur à la personne sacrée du monarque, des formes différentes de gouvernement ouvertement célébrées, des défis jetés avec insolence au pouvoir établi, faisaient fermenter toutes les mauvaises passions, entretenaient les ambitions aventureuses et tourmentaient sans relâche la sécurité publique.

C'est donc avec un sentiment de surprise et de regret qu'on a vu quelques hommes s'efforçant de donner à des souvenirs la réalité d'une opinion actuelle et d'un intérêt politique, se poser comme les représentants d'un parti, lancer en quelque sorte leur manifeste, proclamer hautement leurs espérances et leur but, et chercher dans l'audace et le mensonge de nouveaux éléments de succès pour une conspiration avortée.

Ce qui donnait à cette manifestation un degré plus grand encore de gravité, c'est qu'elle était l'œuvre avouée de l'un des hommes qui avaient pris part à l'attentat de Strasbourg, de l'un des officiers qui s'étaient efforcés d'entraîner dans la révolte les soldats placés sous leurs ordres. Fier de l'impunité comme d'une victoire, il racontait avec orgueil tous les détails de son crime, et semblait défier une seconde fois les lois qu'il avait déjà trouvées impuissantes.

Dans de telles circonstances, messieurs, ces lois devaient être environnées de toutes les garanties qu'elles se sont données, et le Gouvernement aurait mal compris ses devoirs s'il n'avait pas réclamé votre puissante intervention. Lorsqu'au sortir d'une révolution, un gouvernement est parvenu, par sa modération et sa sagesse, à rallier les esprits, et à ne compter pour véritables ennemis que les fauteurs du désordre, il ne faut pas que l'audace de quelques factieux vienne ranimer les espérances de tous les autres, créer de nouvelles chances de troubles et ouvrir peut-être la carrière à une déplorable émulation. Vous vous êtes associés à ces pensées, messieurs, en déclarant votre compétence. Il faut maintenant examiner si l'écrit déféré à votre justice présente, en effet, les caractères que nous lui reprochons, et si, par la publication qu'il en a faite, le sieur Laity s'est rendu coupable des crimes qui lui sont imputés.

Rappelons d'abord les termes de l'accusation. Elle repose sur deux chefs distincts qui se réunissent sous la qualification d'attentat : la provocation, non suivie d'effet, à commettre le crime prévu par l'art. 87 du Code pénal, c'est-à-dire à changer le Gouvernement ; l'attaque contre les droits que le Roi tient du vœu de la nation française et de la Charte constitutionnelle, attaque ayant pour but d'exciter à la destruction ou au changement du Gouvernement.

C'est seulement à raison de ce dernier caractère que l'attaque contre les droits du Roi devient un attentat contre la sûreté de l'Etat. Mais par cela seul que cette attaque se trouverait dans un ouvrage où le changement du Gouvernement serait provoqué, le but que se serait proposé celui qui l'a commise deviendrait évident, et la circonstance aggravante serait établie. A vrai dire, c'est le même attentat qui a été commis sous deux formes.

Dans le système de l'accusation, le changement du Gouvernement est le but de l'écrit : l'attaque et la provocation sont les moyens. Nous pouvons donc, dès à présent, conclure que si nous montrons à la fois dans l'ouvrage incriminé une attaque contre les droits du roi et une provocation à changer le Gouvernement, nous aurons, par là même, établi que l'attaque contre les droits du roi a le caractère d'attentat défini par l'art. 5 de la loi du 9 septembre.

Après cette première réflexion, qui contribuera à simplifier la discussion, nous commencerons, Messieurs, l'examen de l'ouvrage incriminé. C'est dans son ensemble d'abord que nous devons montrer les caractères des crimes imputés à son auteur. Nous ne pouvons cependant le lire tout entier ; et sachant bien que cette lecture attentive et réfléchie sera le premier acte de vos délibérations, nous nous bornerons à l'analyser rapidement, et à appeler spécialement vos méditations sur les passages qui mettent le mieux en lumière la pensée de l'auteur, le but qu'il se propose, et la nature des moyens qu'il emploie pour l'atteindre.

Après avoir reconnu que, « depuis la mort de l'empereur « et de son fils, la France n'avait plus qu'un souvenir vague « des membres de la famille de Napoléon encore existants, et « que le parti napoléonien n'avait plus un homme qui rap- « pelât à lui les sympathies de la nation et qui fût le repré- « sentant de la cause populaire, » l'auteur ajoute : « Mais « une cause trouve toujours un homme pour la représenter, « et là destinée avait permis que dans la famille de l'empe- « reur il se trouvât un héritier de ce grand nom qui eût les « épaules assez larges pour soutenir le poids de vingt ans de « malheurs, et le fardeau bien plus lourd encore d'un avenir « qu'il lui fallait conquérir pied à pied par son mérite et son « courage. »

Qu'est-ce donc que cet avenir, Messieurs ? quelles sont ces destinées que l'on entrevoit pour le représentant de cette cause napoléonienne ? C'est ce que l'auteur du livre va bientôt nous apprendre.

Nous le voyons d'abord remarquer, comme en passant,
« que le roi de Rome et le prince Napoléon sont les seuls
« princes de la famille qui naquirent sous le règne impérial,
« et qui reçurent à leur naissance les honneurs militaires et
« les hommages du peuple. »

C'était, suivant lui, « pour donner à sa force continentale
« l'idée de la durée et de la fixité, que l'empereur saluait
« ainsi avec bonheur la venue des héritiers mâles de sa for-
« tune politique ; c'étaient des continuateurs futurs de ses
« projets, de sa pensée, de son nom et de son pouvoir qu'il
« voyait dans les fils de son frère Louis. »

Ainsi, dès le début de l'ouvrage, ce n'est pas seulement sous
les auspices du nom de l'empereur, c'est en quelque sorte
avec l'appui de sa volonté et de son choix que l'auteur présente Louis Bonaparte à la France.

Il entre ensuite dans quelques détails biographiques desti-
nés à le montrer digne du rôle qu'il lui fait prendre, et bientôt il essaie d'établir la légitimité de ses droits.

Il en trouve l'origine et la base dans un acte de l'an 12,
qu'il qualifie de plébiscite, dont il rapporte les termes, et qui
appelait les neveux de Napoléon à lui succéder après ses en-
fants adoptifs et deux de ses frères : puis, sans même prendre
la peine d'expliquer cette prétérition des héritiers plus pro-
ches, il attribue sans façon le glorieux héritage à celui qui se
présente pour le recueillir.

Il place ensuite dans la bouche de son prétendant, que re-
pousserait le titre même qu'il invoque, une discussion dont
le but est d'établir que cette hérédité impériale peut seule
constituer un gouvernement qui puise son existence et sa
force dans la sanction populaire ; que ce gouvernement serait
seul assez puissant, assez respecté pour assurer à la nation la
jouissance de grandes libertés, sans agitation, sans désordres ;
que tout autre pouvoir, privé d'un appui moral suffisant,
forcé par le besoin de sa conservation, ne reculerait pour se
maintenir devant aucun expédient, aucune illégalité : « Com-
« ment donc, ajoute-t-il, recréer la majesté du pouvoir ? Où
« trouver un principe de force morale devant lequel s'incli-
« nent les partis et s'annulent les résistances individuelles ?
« Où chercher enfin le prestige du droit qui n'existe plus en

« France dans la personne d'un roi, d'un seul, si ce n'est dans
« le droit, dans la volonté de tous? C'est qu'il n'y a de force
« que là. Les hommes qui, en 1830, ont méconnu ce prin-
« cipe, ont trahi nos intérêts les plus sacrés; ils ont bâti un
« édifice dont ils ont oublié les fondations. »

Nous ne devons pas oublier ici que ces mêmes pensées,
ainsi développées dans le corps de l'ouvrage, sont reproduites
avec la même insistance dans une lettre que l'on annonce
avoir été adressée par Louis Bonaparte à M. Odilon-Barrot,
et qui figure parmi les pièces justificatives annexées à l'écrit :
la publication de cette lettre par Laity lui en impose la responsabilité, et c'est là, qu'après avoir invoqué le principe de
l'élection populaire en 1830, on ajoute que ce principe n'a pu
être annulé ni « par les douze cent mille étrangers de 1815,
« ni par la chambre des deux cent dix-neuf de 1830. »

Ainsi, vous le voyez, on proclame une dynastie nouvelle à
côté de cette dynastie qui tient ses droits du vœu national et
de la Charte de 1830; c'est une légitimité d'une autre sorte
qu'on invoque, oubliant ainsi les vingt dernières années que
nous avons vu s'écouler, et les graves événements qu'elles
ont amenés et emportés avec elles, effaçant d'un trait de
plume notre révolution de Juillet et ses glorieuses et légitimes
conséquences.

Bien plus, par une odieuse et outrageante assimilation, on
ne craint pas de présenter l'œuvre des mandataires légaux du
pays, en 1830, comme n'ayant pas, contre cette légitimité
qu'on invoque, plus d'autorité morale que le fait si doulou-
reux à rappeler de l'invasion étrangère.

Nous le demandons, Messieurs, une telle proclamation,
un tel manifeste, de si calomnieuses assertions ne constituent-
ils point l'attaque la plus directe au principe, à la forme de
notre gouvernement, à ces droits que les lois du 29 novembre
1830 et du 9 septembre 1835 ont voulu garantir?

Cependant cette attaque si grave ne pouvait suffire. On
vient d'établir une théorie en s'appuyant sur la lettre morte
d'un acte qui ne peut avoir aujourd'hui qu'une valeur historique : on va s'efforcer maintenant de montrer que les faits
sont d'accord avec cette théorie. D'une part, on prétendra
que le gouvernement de 1830, dans sa lutte pénible contre

les partis, a pu les désarmer un moment, mais n'en a rallié aucun; qu'il s'est vu, chaque jour, contraint de chercher sa force dans un nouveau sacrifice des libertés du pays, et qu'en compromettant la dignité de la France en Europe, il n'a pu obtenir qu'une tranquillité factice. De l'autre, on montrera tous les partis se rattachant, par une foi commune, au grand principe de la souveraineté populaire; de telle sorte qu'il ne manque plus à la génération présente qu'une occasion solennelle d'en faire l'application, et le prince Napoléon sera signalé « comme pouvant mieux que personne aider à l'accom- « plissement de cette œuvre sociale, lui dont le nom est une « garantie de liberté pour les uns, d'ordre pour les autres, et « un souvenir de gloire pour tous. »

Chose étrange, Messieurs! c'est après cette révolution de Juillet, dont nous allons célébrer bientôt le huitième anniversaire, après cette révolution entreprise au nom des lois, consommée si glorieusement au profit de l'ordre et des libertés publiques, où la nation armée, tout entière et debout, a accueilli avec une si puissante unanimité le gouvernement fondé par ses représentants, où le grand nom de Napoléon n'a pas même valu un suffrage à son fils, qu'un de ses neveux, obscur et oublié, ne craint pas de s'appuyer sur la voix du peuple pour tenter un impuissant effort contre ces institutions si noblement acquises, contre le trône qui les défend et qu'elles protégent!

Que penser, Messieurs, de l'incroyable prétention de ces hommes qui se refusent à voir l'expression du vœu populaire en 1830, nous ne dirons pas seulement dans le contrat solennel formé par l'intervention de la représentation nationale légalement constituée, mais encore dans la libre et volontaire adhésion de la France, si hautement et si clairement manifestée par les acclamations de tout un peuple, et qui vont exhumer dans le passé de notre histoire, comme l'éternel soutien d'une légitimité qui n'est plus, un acte que tant et de si grands événements ont pour jamais effacé?

Mais vous ne nous pardonneriez pas d'insister sur la réfutation d'un système qui ne soutient pas l'examen. Ce que nous devons vous présenter ici, ce n'est pas la défense de cette révolution nationale qui a fait l'admiration de l'Europe, et qui retentira d'âge en âge comme l'un des événements les plus glorieux et les plus féconds de notre histoire ; car il suffit qu'on l'ait attaquée dans son principe et dans ses conséquences pour que les châtiments de la loi aient été encourus : c'est la loi, Messieurs, qui la venge pour l'affermir, et qui ne permet pas qu'on essaie d'ébranler le gouvernement qu'elle a fondé.

Nous avons constaté les efforts faits jusqu'ici pour parvenir à ce but par l'auteur de l'écrit qui vous est déféré : en continuant l'examen de l'ouvrage, nous continuerons à établir sa culpabilité. L'auteur va nous montrer Louis Bonaparte travaillant à réaliser pour la France le gouvernement dont il a essayé de prouver la légitimité et les avantages. Partout il nous le fera voir trouvant assentiment et appui : il rapporte d'abord les ouvertures faites à ceux qu'on suppose les chefs ou du moins les personnages les plus influents du parti légitimiste et du parti républicain : il cite les noms de Carrel et de Lafayette ; et sans s'inquiéter de savoir s'il ne leur prête pas un langage qui serait peu d'accord peut-être avec leur vie politique, et qu'en tous cas ils ne peuvent plus démentir, il s'étudie à les représenter comme favorables à sa cause ; il rapporte une lettre d'un illustre écrivain, où la préoccupation de l'intérêt personnel a pu se complaire à trouver une adhésion trop subsidiaire cependant pour être satisfaisante, et dans laquelle, avec un esprit plus libre, on pourrait entrevoir une sorte d'épigramme ingénieuse et polie.

Il insinue enfin que la révolution qu'il appelle de ses vœux aurait pu être favorablement accueillie par plusieurs cours étrangères ; puis il ajoute : « Le prince était donc assuré, « autant qu'il pouvait l'être, de la sympathie du peuple pour « sa cause, de l'assentiment de l'armée, des dispositions fa- « vorables des différents partis, lorsqu'il reçut des lettres qui « le portèrent à croire que le moment approchait où il pour- « rait profiter des amis qu'il avait depuis longtemps, pour « renverser un gouvernement qu'il croyait opposé au bon- « heur de son pays. »

A l'appui de cette conviction du prince, il appelle le témoignage d'hommes qu'il ne fait pas connaître, mais qu'il signale comme méritant toute confiance « par leur position

« sociale, par leurs antécédents et par leur caractère : » il
leur prête des paroles qui reproduisent les attaques dirigées
contre les droits du roi, qu'on représente comme n'ayant
ni « l'appui des siècles, ni celui que donne la sanction du
« peuple, ni même le prestige d'une glorieuse origine, »
qu'on réduit à n'être plus qu'un simple fait : « Le plus fort
« n'est jamais assez fort, dit-on, pour être toujours le maître,
« s'il ne transforme sa force en droit et l'obéissance en de-
« voir. » On montre de nouveau Louis Bonaparte comme
pouvant seul devenir le point de ralliement de la cause populaire, au milieu des bouleversements dont on suppose que
la France est menacée. « Tenez-vous prêt à agir, lui dit-on ;
« et lorsque le temps sera venu, vos amis ne vous manqueront
« pas. »

Enfin, Messieurs, quelques pages plus loin on fait tenir à
Louis Bonaparte un discours dont il est, en vérité, impossible que nous ne vous rappelions pas les principaux traits,
aussi bien parce qu'il semble résumer l'ouvrage tout entier,
que parce que l'auteur de l'écrit s'approprie les pensées qu'il
présente, et les fait siennes par l'approbation explicite qu'il
ne craint pas de leur donner. Voici, Messieurs, les paroles
qu'on fait adresser au colonel Vaudrey par Louis Bonaparte :

« Croyez que je connais bien la France, et que c'est jus-
« tement parce que je la connais bien, que je désire tenter
« un mouvement qui la retrempe et la détourne du péril où
« elle semble prête à tomber. Le plus grand malheur de
« l'époque actuelle est le manque de liens entre les gouver-
« nants et les gouvernés ; confiance, estime, respect, hon-
« neur, ne sont plus les soutiens de l'autorité.

« La France a vu passer depuis cinquante ans la républi-
« que avec ses grandes idées, mais avec ses violentes pas-
« sions ; l'Empire avec sa gloire, mais avec ses guerres in-
« terminables ; la Restauration avec les bienfaits de la paix,
« mais avec ses tendances rétrogrades et ses influences étran-
« gères ; le gouvernement d'août avec ses promesses, ses
« grands mots, mais avec ses petites mesures, ses petites
« passions, ses mesquins intérêts. Au milieu de ce chaos,
« entre ses antécédents, ses rancunes, ses besoins et ses dé-

« sirs, le peuple cherche !..... Position la plus fâcheuse pour
« une nation qui n'a plus pour se guider que la haine des
« partis.

« Ce chaos moral est naturel ; car chaque règne a laissé
« dans la nation des traces de son passage, et ces traces se
« révèlent par des éléments de prospérité ou des causes de
« mort.

« La France est démocratique, mais elle n'est pas répu-
« blicaine ; or j'entends par démocratie le gouvernement
« d'un seul par la volonté de tous, et par république le
« gouvernement de plusieurs obéissant à un système. La
« France veut des institutions nationales, comme repré-
« sentant de ses droits ; un homme ou une famille comme
« représentant de ses intérêts : c'est-à-dire qu'elle veut de
« la République ses principes populaires, plus la stabilité ; de
« l'Empire, sa dignité nationale, son ordre et sa prospérité
« intérieure, moins ses conquêtes ; elle pourrait enfin envier
« à la Restauration ses alliances extérieures ; mais du gou-
« vernement actuel que peut-elle vouloir ?

« Mon but est de venir avec un drapeau populaire, le
« plus populaire, le plus glorieux de tous ; de servir de point
« de ralliement à tout ce qu'il y a de généreux et de natio-
« nal dans tous les partis ; de rendre à la France sa dignité
« sans guerre universelle, sa liberté sans licence, sa stabilité
« sans despotisme ; et, pour arriver à un pareil résultat, que
« faut-il faire ? puiser entièrement dans les masses toute sa
« force et tous ses droits, car les masses appartiennent à la
« raison et à la justice. »

Après ces paroles, dont vous comprenez, Messieurs, toute
la portée, l'auteur de la brochure se hâte d'ajouter : « Le
« colonel Vaudrey approuva des sentiments aussi vrais et une
« appréciation aussi juste des besoins et de la position de la
« France. »

Vous le voyez, ce n'est point seulement ici la reproduction
des pensées de Louis Bonaparte, reproduction qui serait déjà
coupable : c'est l'approbation la plus formelle de ces pensées,
ou plutôt c'est l'auteur qui les adopte, qui les présente
comme *l'appréciation la plus juste des besoins et de la posi-*
tion de la France. Il vient de résumer les motifs qui ont dé-

terminé Louis Bonaparte à tenter un mouvement, et il approuve sa résolution; il la regarde donc comme prise dans l'intérêt du pays; il énonce donc formellement l'opinion que cet intérêt exigeait qu'on essayât de renverser le gouvernement établi, ce gouvernement duquel la France ne peut, *suivant lui,* rien vouloir, pour en instituer un autre qui trouvât dans les masses toute sa force et tous ses droits. A la vérité, ces motifs ne sont, en apparence, invoqués que pour expliquer et justifier l'attentat de Strasbourg; mais l'intention et le but de l'historien de cette criminelle entreprise ne sont-ils pas évidents? Peut-il la justifier dans son principe, la glorifier dans ses conséquences, sans provoquer de nouvelles tentatives? Les considérations qu'il invoque pour montrer la nécessité d'une révolution, pour faire croire à ses heureux résultats, ont-elles, dans sa pensée, moins de poids et moins de valeur aujourd'hui qu'elles n'en avaient il y a deux ans? Qu'on en examine la nature, qu'on relise le passage que nous venons de citer, et l'on verra que ce qui a pour but apparent de légitimer la conspiration de 1836 devient par là même une provocation directe ayant pour effet de préparer une conspiration à venir.

Nous ne craignons pas de le dire, c'est là la pensée générale de l'ouvrage et vous l'aviez comprise, Messieurs, avant que nous ne vous l'ayons signalée.

Après avoir opposé les prétendus droits de Louis Bonaparte à ceux du roi des Français, après avoir réuni toutes les calomnies qui peuvent discréditer le gouvernement établi, et tous les éloges, toutes les promesses, toutes les fausses assertions qu'il croit de nature à entraîner l'opinion en faveur du gouvernement et du chef qu'il propose, l'auteur de l'écrit va maintenant essayer de prouver par l'attentat de Strasbourg, par les circonstances qui l'ont accompagné et par celles qui l'ont suivi, que les prétentions de Louis Bonaparte reposaient, en effet, sur les chances de succès auxquelles il s'est efforcé de faire croire.

A l'entendre, dès 1832, un corps d'armée tout entier, colonels et généraux compris, attendaient à la frontière le fils de Napoléon, et étaient prêts à accueillir le jeune Louis Bonaparte s'il était muni d'une simple lettre de son cousin. Depuis ce temps, des intelligences ont été conservées et étendues dans les régiments; des officiers-généraux étaient entrés dans cette vaste conspiration. Il devait suffire à Louis-Bonaparte de se présenter devant un régiment pour être salué empereur par les soldats; se dirigeant ensuite sur Paris, il aurait vu toutes les populations, toutes les troupes se soulever en sa faveur; et par une marche triomphale, sans résistance et sans combat, il aurait été porté dans la capitale et sur le trône.

Tels étaient les rêves de ce jeune homme qui avait oublié que, pour voler de clocher en clocher jusqu'aux tours de Notre-Dame, il fallait que l'aigle impériale prit son essor à la voix du grand empereur, et que, partout, sur sa route, elle ne vît pas flotter les couleurs nationales.

Eh bien! Messieurs, on va chercher à prouver que ces folles imaginations ont failli être justifiées par le succès. Dans le récit qu'on présentera de l'attentat du 30 octobre, on se gardera bien de dire qu'un seul régiment marchant sous les ordres de son chef qui l'avait trompé, a prêté un moment, aux conjurés, le secours apparent de sa force, et qu'il les a abandonnés aussitôt qu'il a pu comprendre les coupables projets dont on l'avait rendu l'instrument. On ne craindra pas d'affirmer, contre toute vérité, qu'une sympathie générale pour la cause napoléonienne avait entraîné tous les corps de la garnison; on calomniera le 46e de ligne qui s'est emparé des conspirateurs, le 3e d'artillerie qui n'avait pris ses armes que pour les combattre; *la population* qui n'a été informée de l'entreprise que lorsqu'elle était déjà comprimée. C'est ainsi qu'en cherchant à persuader que Louis Bonaparte a été accueilli à Strasbourg avec enthousiame par les soldats, et qu'il a été soutenu par les dispositions favorables du peuple, on en conclura qu'il devait trouver partout le même enthousiasme et les mêmes dispositions, et que le succès assuré de son entreprise n'a pu échouer que devant une de ces fatalités tellement extraordinaires, qu'une nouvelle tentative ne permettrait plus d'en craindre le retour.

Une erreur dans la route suivie par le chef de l'attentat, un mensonge jeté aux soldats par l'un des chefs restés fidèles, telles sont les seules causes qui, suivant l'auteur, ont renversé les espérances les mieux fondées, on va même jusqu'à dire que si les proclamations de Louis Bonaparte eussent été distribuées dans la ville, le peuple connaissant ses nobles intentions, aurait pris contre l'autorité une attitude menaçante qui eût pu amener de grands résultats.

Cette même pensée de l'assentiment populaire, de la sympathie de l'armée, de ses officiers et de ses chefs, se trouve encore reproduite dans le récit des faits qui ont suivi l'attentat. On y parle d'un parti puissant organisé pour protéger la vie et la liberté du prince ; on ose affirmer que des officiers-généraux, des pairs de France, devaient protester contre sa mise en jugement ; on attribue à la peur un acte de haute clémence, on s'en empare comme d'une reconnaissance de la dynastie napoléonienne, et l'on termine par ces mots, qui présentent en quelque sorte le résumé de tout l'ouvrage :

« Le Gouvernement a voulu assoupir un fait et il a révélé
« un principe ; il a voulu annuler un homme, et il a fait de
« cet homme le chef d'un parti et le point de ralliement de
« l'opposition. Nous avons parlé sans exagération, car nous
« ne sommes les apologistes de personne ; mais nous avons
« voulu prouver que le prince Napoléon n'a pas démérité de
« sa patrie, et qu'il est un des dignes fils de notre belle
« France, et le digne héritier de notre grand empereur. »

Tel est donc, Messieurs l'écrit que vous avez à juger. Sous prétexte de réhabiliter et l'attentat de Strasbourg et l'homme au profit duquel il a été commis, on établit en droit et en fait les titres de cet homme au trône ; on essaie de prouver qu'il réunit toutes les conditions nécessaires pour y monter sans coup férir, pour s'y maintenir avec gloire ; il règne déjà sur le peuple et sur l'armée par l'autorité de son nom et les sympathies qu'il inspire. Les factions s'apaisent à sa voix ; une ère nouvelle de prospérité et de grandeur va s'ouvrir sous ses auspices. D'un autre côté, le gouvernement du Roi, illégitime dans son origine, sans force contre les partis, sans dignité dans ses rapports avec l'étranger, pouvoir précaire, qui n'inspire ni sécurité ni confiance, ne peut satisfaire aux besoins du pays, qui est mécontent du présent et inquiet de l'avenir.

Aurons-nous maintenant besoin de beaucoup d'efforts pour montrer dans cette publication les attentats que l'accusation

impute à son auteur? La provocation au changement du Gouvernement, l'attaque contre les droits du Roi, n'apparaisent-
elles pas à tous les yeux de la manière la plus évidente? A
moins de crier publiquement aux armes, d'appeler le peuple
sur la place publique, de convier au Champ-de-Mars, à jour
et à heure fixes, les régiments révoltés pour y élever un empereur sur le pavois, il est impossible que la provocation au
changement du Gouvernement soit plus directe, plus posi-
tive, et se multiplie sous plus de formes pour s'adresser à un
plus grand nombre d'esprits. Pour les soldats, on évoque des
souvenirs de gloire; pour le peuple, on invoque la toute-
puissance nationale. On montre aux hommes timides une révolution facile, et pour ainsi dire déjà faite. On propose une
révolution à faire aux ambitions impatientes. On étale enfin
tous les éléments du succès d'une conspiration qu'on exa-
gère, dans l'espoir de créer des conspirateurs. N'est-ce pas là,
Messieurs, une provocation, et ne serait-ce pas la plus dangereuse des provocations, si l'opinion publique, dans une nation sage et éclairée, pouvait se laisser prendre aux piéges
grossiers dans lesquels on veut la faire tomber.

La nation, Messieurs, ne croit point à cette légitimité
qu'on revendique; elle ne croit point à ces biographies apo-
logétiques, à cette sympathie universelle qu'on suppose et
qu'on ne ressent point, à ces intelligences dans l'armée dont
vous vous vantez par un mensonge, et qui n'empêcheront
personne d'être convaincu que l'uniforme de nos soldats est
toujours une garantie d'honneur et de fidélité. Elle sait
qu'à Strasbourg ce n'est pas la fatalité ni le mensonge
qui vous ont arraché la victoire, qui ont détruit ce que
vous appelez vos grandes espérances; elle sait que vous
n'avez dû votre succès d'un quart d'heure qu'au parjure
d'un chef qui, après avoir séparé les soldats qu'il comman-
dait de leurs officiers, pour qu'aucune influence ne combattît
la sienne, les a dominés par l'ascendant de son grade, et les
a entraînés à sa suite dans une entreprise qu'ils ne compre-
naient pas. Elle sait que pas un homme d'un autre régiment
ne s'est réuni aux conjurés, que pas un officier n'a été leur
dupe ni leur auxiliaire, et que leurs projets ont échoué dès
qu'ils ont été connus.

Les provocations que renferme l'écrit d'Armand Laity n'ont donc point eu d'effet, et ne pouvaient avoir les résultats qu'il s'en promettait ; mais elles n'en existent pas moins dans la pensée de l'auteur et dans les termes de son ouvrage. Elles se réunissent aux attaques dirigées contre le principe et la forme de notre Gouvernement, contre les droits du Roi des Français pour exciter à la révolte et tenter de préparer au pays de nouveaux bouleversements.

Maintenant, Messieurs, cet écrit est-il l'œuvre d'un individu isolé qui y aurait jeté l'expression de ses haines personnelles, de ses vœux, de ses regrets et de ses espérances ? L'instruction ne nous a-t-elle pas appris qu'il a été concerté, rédigé en commun par le chef de l'attentat de Strasbourg et l'un de ses complices ? Le manuscrit de cet ouvrage, qui passera sous vos yeux, porte encore la trace du travail de celui-là même dont il avait pour but de préparer l'intronisation : c'est donc le manifeste du parti, c'est le programme d'un nouvel attentat ; voilà ce qui nous explique sa publication à dix mille exemplaires, sa distribution gratuite, et cet aveu de l'accusé : « J'aurais voulu l'envoyer, non-seulement dans tou-« tes les villes, mais dans tous les villages de France. »

Ainsi, dans l'ouvrage que vous avez à juger, nous ne saurions trop le répéter, tout se résume par un mot, celui de *provocation*. C'est la pensée principale, nous dirons presque l'unique pensée de l'écrivain, c'est dans ce but qu'il attaque les droits du roi, qu'il s'efforce de leur opposer la légitimité prétendue de la dynastie napoléonienne, qu'il appelle sur le Gouvernement l'animadversion publique, qu'il foule aux pieds la vérité en racontant l'attentat de Strasbourg, et qu'il calomnie le peuple et l'armée ; c'est dans ce but qu'il publie de nouveau les proclamations de Louis Bonaparte, déplorables parodies d'un langage qu'il n'est permis à personne d'imiter, et où les crimes dont il est accusé se produisent avec un tel caractère de gravité et de violence, que toute discussion à cet égard est superflue. C'est dans ce but qu'il exalte et glorifie la trahison militaire, soit par des attaques directes contre la religion du serment, soit par les pompeux éloges qu'il se plaît à décerner à des actes de félonie justement flétris par la conscience du pays, et qu'il blesse ouvertement tous les principes d'ordre et de morale publique.

Ainsi, la pensée qui a dicté l'ouvrage est la même pensée qui a inspiré l'attentat de Strasbourg ; l'écrit comme la révolte ont eu le même but, le renversement du Gouvernement, la substitution du régime impérial dans la personne de Louis Bonaparte, au régime constitutionnel dans la personne du roi des Français.

A Strasbourg on s'était flatté d'atteindre directement le but proposé ; à Paris, c'est au moyen de provocations adressées au peuple et à l'armée, c'est en déniant les droits constitutionnels du roi des Français et en proclamant les prétendus droits de Louis Bonaparte, qu'on essaie de réaliser la même pensée. L'ouvrage ment à son titre ; il renferme, sans doute, une narration de l'événement du 30 octobre 1836, mais, d'abord, cette narration n'est pas de l'histoire, c'est du roman, et ensuite ce roman lui-même n'est pas le but, il n'est qu'un des moyens de l'auteur. Son but est évidemment l'attaque au gouvernement établi ; il ne s'agit pas seulement pour lui de glorifier l'attentat du 30 octobre, mais de provoquer à un attentat nouveau au moyen de cette glorification même.

Mais en vérité, Messieurs, comment justifier à vos yeux cette longue insistance de notre part ? Nous voulons prouver la culpabilité du livre déféré à votre justice ; mais cette culpabilité, qui donc l'a niée, qui l'a mise en question ?

Laity, vous le savez, dans l'un de ses interrogatoires devant M. le chancelier, s'est fait gloire, en quelque sorte, d'avoir attaqué le gouvernement fondé par la révolution de juillet ; et Louis Bonaparte, dans une lettre qu'il adresse à l'accusé, quelques jours avant la publication du livre, demande qu'on lui fasse savoir quel est le maximum des peines que cette publication doit entraîner contre son auteur.

Dans ce dernier fait, Messieurs, nous trouvons tout à la fois la preuve que l'écrivain avait la conscience du crime dont il se rendait coupable, et aussi celle qu'il attendait de sa publication un résultat bien important, puisqu'il se déterminait à braver sciemment les rigueurs de la loi pénale.

Après cette discussion, vous nous pardonnerez de ne pas cependant nous arrêter encore, et de rechercher quel peut être le système de défense qu'on nous opposera. Dans l'impuissance de présenter sur le fond une justification qui puisse être accueillie, on essaiera peut-être, ainsi que l'a indiqué l'accusé lui-même, de trouver contre la poursuite une sorte de fin de non-recevoir dans de précédentes publications : il importe donc dès à présent de constater quelle est, sous ce rapport, la véritable situation de l'accusé.

En droit d'abord, Messieurs, et ce point ne peut être contesté, le silence qu'aurait gardé le ministère public sur une première publication ne saurait s'opposer à ses poursuites, si, par une publication nouvelle, le délit est une seconde fois commis ; car chaque publication constitue légalement un délit, et l'impunité d'une première infraction, même quand elle serait le résultat d'un verdict d'acquittement, ne peut devenir, pour une seconde, un bill d'indemnité.

Mais il importe d'examiner si les faits nous mettent dans la nécessité de placer l'accusation à l'abri de cette fin de non-recevoir.

Laity nous a révélé les nombreux emprunts qu'il a faits pour son ouvrage à un écrit publié par un sieur Persigny, se qualifiant aide-de-camp du prince Napoléon ; et nous savons que des extraits de ce dernier ouvrage ont paru dans un journal hebdomadaire, intitulé *Nouvelle Minerve.*

Mais d'abord, Messieurs, l'ouvrage de Persigny a été imprimé à Londres, publié à Londres, et si quelques exemplaires ont pu être furtivement introduits en France, ils n'y ont été ni vendus ni publiquement distribués. Le ministère public était donc à cet égard dans l'impossibilité d'exercer aucune poursuite.

Quant à la publication de la *Nouvelle Minerve,* c'est le 8 janvier 1837 qu'elle a été faite à Paris, au moment même où allaient s'ouvrir à Strasbourg les débats relatifs à l'attentat du 30 octobre 1836 ; et le journaliste qui imprime des extraits du livre de Persigny éprouve le besoin de prévenir ses lecteurs, « *qu'il n'est que le reproducteur d'un texte auquel le procès de » Strasbourg attache un vif intérêt, et qu'il ne se place pas au » point de vue de l'auteur qu'il laisse parler* », réprouvant ainsi lui-même par avance le langage qu'il va reproduire ; et cependant, Messieurs, il mutile prudemment l'écrit imprimé à

Londres ; il supprime, lui, journaliste de l'opposition, les passages les plus coupables de cet écrit, tous ceux qui constituent le plus manifestement l'attaque et la provocation ; de telle sorte que sa publication elle-même devient un argument de plus à l'appui de l'accusation.

Ainsi, ce qui est relatif à l'acte de l'an 12 , aux prétendus droits de Louis Bonaparte à la couronne de France, et ces conversations du prince, dont le but est d'établir que la dynastie napoléonienne, comme il parle, est la seule qui ait obtenu la sanction populaire ; ainsi, ces déclamations sans fin sur la sympathie du peuple et de l'armée pour sa cause, ces attaques contre le serment ; ainsi cette allocution qu'on suppose adressée par Louis Bonaparte au colonel Vaudrey ; ainsi cette phrase remarquable qui qualifie de trahison envers le pays l'œuvre du pays lui-même au 9 août 1830 ; ainsi cette lettre à M. Odilon Barrot ; tous ces passages, et d'autres encore non moins coupables, ne se retrouvent point dans le journal.

Voilà, Messieurs, ce qui vous explique comment, lorsque nous n'avons ni pu ni dû poursuivre les extraits publiés dans la *Nouvelle Minerve*, extraits frappés d'abord de la réprobation du journaliste, malgré les mutilations que sa prudence leur avait fait subir, nous avons dû, au contraire, vous déférer un écrit qui présente, en se les appropriant et dans un résumé succinct, toutes les criminelles attaques de l'ouvrage publié à Londres, dans lequel on a pris à tâche de rassembler et de concentrer pour ainsi dire tous les genres de provocations.

Nous pouvons donc conclure maintenant avec confiance qu'Armand Laity s'est rendu coupable du double attentat qui lui est imputé ; mais lorsque nous venons en demander la répression, ne craignez pas, Messieurs, que nous cherchions à exagérer la gravité de ses conséquences. Nous vous avons montré sous son véritable point de vue l'importance de ce procès, quand nous avons signalé la publication qui l'a rendu nécessaire comme une violation flagrante et hardie des lois qui ont voulu imposer à la presse des limites qu'il lui devint impossible de franchir ; comme le manifeste de quelques ambitieux qui essaient de se créer un parti, et qui, en avouant publiquement une sédition marquée, viennent au milieu de nous se déclarer en état de complot permanent ; comme l'œuvre d'un homme qui, heureux échappé des bancs de la cour d'assises, dément lui-même, à la face du pays, le verdict qui a fait de son innocence une vérité légale, et qui, pour recruter des conspirateurs, développe avec complaisance les éléments mensongers d'une conspiration puissante.

Certes, Messieurs, il y a danger pour la sécurité publique dans ce défi jeté sans détour et sans pudeur aux lois qui la protégent; dans cet exemple de coupable audace proposée aux factions qui s'agitent encore parmi nous; dans cette glorification d'un crime demeuré sans résultat, dans ces présomptueuses menaces d'un attentat plus heureux. Mais que l'on se garde bien de nous attribuer la pensée qui ni Laity et sa brochure, ni Louis Bonaparte et le soi-disant parti napoléonien ait jamais eu le pouvoir d'ébranler notre gouvernement national, et d'inspirer sur son existence et sa durée de sérieuses alarmes. Il n'appartient à personne de menacer nos institutions, parce qu'elles sont l'œuvre et la propriété de la France, qui saurait les défendre comme elle a su les fonder. Mais le péril d'une révolution nouvelle est-il donc le seul dont il faille se garder? Les tentatives les plus insensées, les entreprises les plus aventureuses, ne suffisent-elles pas pour inquiéter les esprits et troubler le cours de la prospérité publique? ne sait-on pas d'ailleurs que dans les temps où nous vivons, le parti, quel qu'il soit, qui se jette le premier dans la lice, peut voir ses rangs grossis par tous les artisans de trouble, tous les fauteurs de désordres, qui s'empresseront, quelle que soit leur foi politique, et peut-être parce qu'ils n'en ont aucune, de prêter main-forte à l'anarchie, et de se liguer d'abord contre le pouvoir établi? Il ne tenteront, Messieurs, que de vains efforts; mais, en ce genre, la victoire même à ses douleurs, et il faut en redouter la nécessité.

Ce n'est donc que par l'appréciation de ses propres forces qu'il faut juger des périls que pourrait nous apporter ce parti napoléonien : s'il ne devait trouver d'appui qu'en lui-même, qu'aurions-nous à craindre de ses prétentions? il a osé dire que la nation ne pouvait rien vouloir du Gouvernement actuel. Mais qu'il nous apprenne donc ce qu'elle peut attendre du prétendant qu'il propose? Il évoque et les souvenirs de l'empire, et le nom glorieux d'un homme dont la France s'enorgueillit; il prétend s'approprier les sympathies excitées par toutes ces grandes choses que le grand peuple à vu éclore sous son règne comme dans une merveilleuse épopée. Mais pensez-vous donc, jeunes imprudents, que cette gloire ait besoin de vous pour devenir celle de la France? La statue de Napoléon n'est-elle pas remontée, sans vous, au faîte de cette colonne où l'aigle victorieuse repose sur l'airain qu'elle a conquis? Le palais du grand roi n'a-t-il pas rajeuni ses splendeurs, pour offrir à toutes nos gloires un asile digne d'elles? Que pouvez-vous donc apporter à la France dont elle ne soit pas déjà en possession? Quand vous rappelez ce qui s'est accompli sous l'Empire, dans le conseil ou sur le champ de bataille, oubliez-vous que ce trône que vous attaquez a pour ornement et pour soutien tous ces hommes qui ont été associés aux grandes pensées, et qui ont pris leur part dans les grands événements de cette époque? Oubliez-vous combien d'entre eux ont droit de se dire : Nous en étions, et de vous dire à vous : Vous n'en étiez pas?

C'est à ces hommes élevés à l'école de cet empire à peine entrevu par votre enfance, que le roi et la patrie demandent encore avec orgueil et avec confiance les services les plus éminents, et naguère, dans une circonstance solennelle, un peuple allié qui fut longtemps notre ennemi, saluait de ses acclamations la gloire de la France dans l'un de ses plus illustres représentants.

Dans nos mœurs et dans nos lois, dans notre vie politique et dans notre vie civile, nous avons retenu de l'empire tous ses bienfaits; et ce que nous avons répudié de son héritage personnel, apparemment, ne tenterait de nous l'imposer. Qu'est-ce donc, Messieurs, que le parti napoléonien? quels sont les idées, les intérêts ou les griefs auxquels il pourrait se rattacher? A l'entendre, c'est un nom qui fait sa puissance et sa force; mais n'est-il pas, au contraire, la condamnation de ses jeunes et impuissantes témérités, ce nom consacré par l'admiration du monde! Quel est-il donc celui qui vient revendiquer comme un héritage cette pourpre impériale conquise par une si puissante individualité? quels sont-ils les hommes qui forment son cortége et qui seuls ont sui-

cette influence à laquelle ils imaginent que le peuple et l'armée vont bientôt se soumettre? La patrie ne connaît ni le chef ni ceux qui l'accompagnent. Oh! s'il avait pu voir son nom ainsi compromis par une poignée de séditieux, dans une tentative sans portée, ce grand homme dont la haute intelligence ne comprenait que les grandes choses, qui fut surtout le défenseur et l'appui de toutes les pensées d'ordre, de devoir et de discipline, qui font la force du commandement et la dignité de l'obéissance, qui aima mieux déposer sa glorieuse couronne que de livrer cette France qu'il aimait tant, aux déchirements d'une guerre civile, quelle n'eût pas été son indignation et de quelles paroles n'aurait-il pas flétri cette ambition puérile, ces officiers parjures, cette prise d'armes contre le repos et le bonheur de la patrie?

L'Empire, Messieurs, avait achevé sa mission. L'homme qui, par sa fortune et son génie, avait été appelé à l'accomplir, a survécu lui-même à son règne et n'a pu léguer à personne le sceptre qu'il avait déposé. Conservons-lui la place qui lui est due dans le culte de nos souvenirs; mais les temps ont marché et d'autres destinées nous appellent. Les arts de la paix, les conquêtes de l'industrie, les garanties de la liberté sont devenus l'étude et le besoin de la nation. Et désormais appuyé sur son épée tant de fois victorieuse, le peuple français marche dans cette voie paisible de civilisation et de progrès avec le sentiment de sa gloire et de la conscience de sa force. (Marques nombreuses d'approbation sur les bancs de la pairie.)

Discours de M. Laity.

Messieurs les pairs, il y a dix-huit mois, je fus pris les armes à la main, accusé d'avoir conspiré contre le gouvernement. Je fus jugé, acquitté par le jury de Strasbourg. Aujourd'hui, l'on me traduit devant votre cour parce que je me suis fait l'historien impartial des événements du 30 octobre.

Si l'on est coupable d'attaquer le gouvernement par un écrit, on l'est beaucoup plus quand on l'attaque à force ouverte. Pourquoi donc un jury n'a-t-il pas été chargé de pro-

noncer en cette circonstance? La mesure prise à mon égard
me semble donc inconstitutionnelle, et c'est pourquoi, comme
citoyen et soldat, j'ai protesté et je proteste encore contre
votre juridiction.

J'ai dit dans un de mes interrogatoires que ma brochure
était la relation de faits exacts et l'expression d'opinions
consciencieuses. Que M. le procureur-général l'appelle un
manifeste insolent lancé par une faction; qu'il proclame que
je suis l'agent d'un parti, que mes opinions sont subversives,
et que les faits rapportés sont inexacts; tout cela ne prouve
qu'une chose, c'est que j'ai eu raison de publier et de distribuer ma brochure; c'est qu'au lieu de 10,000 exemplaires,
j'aurais dû en faire tirer 100,000 exemplaires pour provoquer
l'examen et mettre au jour la vérité. Que dirait M. le procureur-général si j'affirmais que, dans les actes d'accusation, les
faits sont contestés, défigurés, tronqués; que les circonstances que j'ai vu de mes propres yeux ont été reproduites avec
une choquante inexactitude; et cependant c'est ce qui est arrivé à Strasbourg quand nous étions devant nos juges natu-
rels: tous les faits ont été pervertis par l'accusation; tous les
journaux furent mal informés de ce qui se passa à Strasbourg
le 30 octobre 1836, et l'opinion publique fut complètement
égarée.

De son côté le gouvernement partagea cette disposition des
esprits en poursuivant le moins de coupables possible, car il
n'y eut pour ainsi dire de jugé ou arrêté que les personnes
qui le voulurent bien. Aussi tout le monde crut-il réellement
que la conspiration n'était autre chose qu'une échauffourée,
qu'un coup de tête de quelques officiers. En vain avions-nous
espéré que les dépositions de témoins forcés de raconter les
faits, que nos propres dépositions, faites avec une entière abnégation de nous-mêmes, et dans l'intérêt seul de notre cause,
rétabliraient les choses dans leur véritable position; notre espoir fut trompé. L'affaire de Strasbourg, que j'appelle une
révolution manquée, semblait destinée à figurer dans les an-
nales de l'histoire avec l'humiliante qualification d'échauffourée. Ainsi, nous étions pour toujours des fous, des insen-
sés, nous, hommes de cœur, qui venions donner tout notre
sang à la patrie, pour lui conquérir la liberté, pour la rétabli

dans tous ses droits. Un noble et jeune prince, digne du grand nom qu'il porte, n'avait pu nous couvrir de son égide : lui aussi il fut enveloppé de la proscription railleuse d'un siècle qui aime mieux croire à la folie qu'au dévouement et au patriotisme. Oh! je n'oublierai jamais ce que me dit un jour ce prince auquel M. le procureur-général a encore attaché l'épithète d'insensé, et qu'il faut bien que je défende, puisqu'on a souffert qu'il fût attaqué dans cette enceinte.

Au mois de mars 1815, quand on reçut à Paris la première nouvelle du débarquement de l'île d'Elbe, la femme d'un de nos premiers maréchaux accourut toute effrayée chez la reine Hortense, en s'écriant : « L'empereur est fou! il rentre en France! » Ah! notre justification est là ! car quinze jours après, l'Europe entière tremblait devant ce sublime fou, et pour la deuxième fois la France le proclamait son empereur!

On ne peut donc pas me faire un crime, Messieurs les pairs, d'avoir exhumé les souvenirs d'un événement historique pour lui rendre sa véritable couleur. Si un homme a le droit de venger son honneur outragé, pourquoi refuserait-on à un parti celui de se justifier ! Puisqu'on m'a fait l'honneur de dire que je suis l'agent avoué du prince Napoléon-Louis Bonaparte, je vais vous rendre compte des motifs qui m'ont associé à sa fortune. En 1830 une révolution s'opéra en France. Moi, jeune homme de dix-huit ans, je saluai le drapeau tricolore avec des larmes de bonheur. Croyant que la France allait enfin secouer le joug honteux qui l'opprimait depuis quinze ans, qu'elle briserait les traités de 1815, et qu'elle rentrerait dans les droits méconnus et violés depuis si longtemps. Le gouvernement issu de la révolution ne tint pas, à ce qu'il paraît, tout ce qu'on attendait de lui, car pendant plus d'un an on vit l'émeute descendre continuellement dans les rues ; plus tard vinrent les journées des 5 et 6 juin. Deux fois la ville de Lyon fut ensanglantée par la guerre civile. A Strasbourg, Metz, Grenoble, etc., etc., les gardes nationales furent licenciées. Tous ces faits témoignaient de la faiblesse du pouvoir.

A cette époque où cependant le calme avait succédé à cet état de crise, je venais de quitter l'école d'application d'artillerie de Metz. Pendant les cinq années que je consacrai à l'étude, j'avais évité avec soin de prendre part à nos dissensions politiques, bien convaincu que les partis s'épuiseraient en vains efforts et devaient désespérer de faire triompher leurs principes tant qu'ils ne serreraient pas leurs rangs sous un même drapeau.

J'avais demandé la garnison de Strasbourg et je l'obtins : il semble que c'est la destinée qui m'y conduisait ; là, je fis par hasard la connaissance d'un ami du prince Napoléon Louis, j'avais déjà beaucoup entendu parler de ce dernier, je savais qu'en 1831 il s'était mis à la tête des patriotes italiens quand il voulurent secouer le joug de l'Autriche, pensant que la France ne souffrirait pas que l'on violât le principe de la non-intervention. Cette tentative ne fut pas heureuse ni pour l'Italie qui succomba promptement, ni pour le prince qui vit mourir dans ses bras son frère unique, son compagnon d'exil qui, comme lui, avait pris part à cette tentative d'insurrection.

Obligé de traverser la France pour échapper aux recherches de la police autrichienne, accablé par la maladie et par les douleurs, le prince reçut en Angleterre la noble hospitalité qu'il méritait. Bientôt après il revint à Arenemberg, qu'il a toujours habité depuis cette époque ; car, à l'exception de l'Angleterre et de la Suisse, toute l'Europe lui est maintenant fermée. Un nouveau peuple venait d'entrer encore dans l'arène des révolutions ; la Pologne tout entière s'était soulevée comme un seul homme. Cette fois la lutte devait être longue et terrible ; des batailles véritables étaient livrées, et l'on crut un instant que la Pologne en sortirait victorieuse ; mais bientôt aux triomphes succédèrent les défaites, on voyait que la fortune allait encore abandonner un peuple. Sur ces entre-faites, une députation de Polonais fut envoyée au prince pour le prier de se mettre à la tête de leurs armées. Hélas ! il était trop tard. Au moment de partir, il reçut la nouvelle de la prise de Varsovie.

Ainsi vous le voyez partout où les peuples ont besoin de secours, partout où la liberté pousse un cri de détresse, il accourt pour leur donner sa vie, pour leur prêter l'appui de son grand nom, qui à lui seul vaut toute une armée, car il leur donne l'enthousiasme et la confiance sans lesquels les peuples ne font jamais de grandes choses.

Un pareil caractère était fait pour exciter vivement mes sympathies. Il ne me restait plus qu'à connaître qu'elles étaient personnellement les opinions du prince, et je me liai intimement avec son ami, qui m'avoua que le prince entretenait depuis long-temps des relations dans tous les partis et dans l'armée, et que son plan consistait à se jeter inopinément dans une ville de guerre et à y rallier le peuple et la garnison par le prestige de son nom. Strasbourg était déjà dans sa pensée la ville la plus favorable à l'exécution de ce projet.

Ce n'est, me dit mon ami, qu'après de graves investigations sur l'état de la France, que le prince s'est voué à la grande œuvre qu'il veut entreprendre. Après la révolution de 1830, il demanda à servir comme simple soldat dans les rangs de l'armée française. Un nouvel acte de bannissement qui proscrivait de nouveau toute sa famille, lui a prouvé qu'il ne doit plus compter que sur la nation et que nous resterons soumis aux traités de 1815. Il a la profonde conviction que tant qu'un vote général n'aura pas sanctionné un gouvernement quelconque. (Je cite textuellement plusieurs passages de ma brochure), les diverses factions agiteront constamment la France, tandis que des institutions passées à la sanction populaire, choisies et créées volontairement par le peuple, peuvent seules amener la résignation des partis.

Les peuples désormais sont appelés à ce libre développement de leurs facultés. Mais quel gouvernement sera assez puissant, assez respecté pour assurer à la nation la jouissance de grandes libertés sans agitations, sans désordres? Comment recréer la majesté du pouvoir? Où chercher enfin le prestige du droit qui n'existe plus en France dans la personne d'un roi, d'un seul, si ce n'est dans le droit, dans la volonté de tous? Le but du prince est de venir avec un drapeau populaire, le plus glorieux de tous; de servir de point de ralliement à tout ce qu'il y a de généreux et de national dans tous les partis; de rendre à la France sa dignité sans guerre universelle, sa liberté sans licence, sa stabilité sans despotisme. Quand je vis que le prince Napoléon comprenait si bien les intérêts de la France et qu'il était prêt à faire abnégation de ses droits de légitimité impériale pour ne se souvenir que de la souveraineté du peuple; qu'il sentait qu'aujourd'hui la dé-

-mocratie coule à pleins bords et que hors de la démocratie il n'y a de salut pour aucun gouvernement; qu'aujourd'hui la France est dévorée non seulement par le besoin de la liberté, mais encore par celui de l'égalité; je m'offris pour être un instrument de ses desseins; je pouvais disposer de 300 hommes et je promis leur concours. Quand l'heure est venue j'ai tenu ma parole. J'ai eu plus tard l'honneur d'habiter auprès du prince ; depuis six mois je partageais son exil et je comptais aller le rejoindre immédiatement après la publication de ma brochure quand on y a mis bon ordre· Je ne prétends cacher à qui que ce soit que j'ai pour lui un dévoûment sans bornes; car c'est le caractère le plus noble et le plus grand que l'on puisse rencontrer et je lui fais d'autant plus volontiers ce sacrifice que je sers en même temps la plus belle de toutes les causes, celle de la démocratie. Ceux qui l'ont qualifié d'insensé ont oublié qu'il a passé plus de vingt années de sa vie dans l'exil, et que l'adversité vieillit avant l'âge ceux qu'elle atteint de ses rigueurs. Ils ont oublié que cet exil n'est pas comme celui qui proscrit la branche aînée des Bourbons, la conséquence de la volonté spontanée de tout un peuple, mais le résultat d'une invasion étrangère. On doit respecter toutes les infortunes, de quelque nature qu'elles soient; mais s'il en est surtout qui ont droit à des égards, ce sont à coup sûr celles qui ne sont pas mérités. Messieurs, la France qui sanctionna par plus de trois millions de votes l'élection de Napoléon comme consul à vie, comme empereur, cette France, dis-je, n'a jamais été consultée pour savoir si l'on devait bannir à perpétuité la famille impériale.

. Je lis encore dans l'acte d'accusation que ce qui doit étonner le plus dans ma brochure, c'est la profonde inintelligence de la situation, des besoins et des intérêts du pays et l'anachronisme d'une insurrection prétorienne. L'idée d'une insurrection de ce genre n'a jamais existé que dans l'imagination de M. le procureur-général ; car, si je ne me trompe, il veut dire par la que nous avions l'intention d'établir en France le despotisme du sabre. Ce n'est pas, il me semble, le système que j'ai développé dans ma brochure. On s'est servi de l'armée parce qu'on ne peut renverser la force que par la force. Je ne puis, au reste, mieux répondre que par les quelques lignes suivantes extraites d'une lettre écrite à M. Odilon-Barrot par le prince Napoléon.

« L'esprit d'une révolution se compose de passions pour le but, et de haine pour ceux qui font obstacle. Ayant entraîné le peuple par l'armée, nous aurions eu les nobles passions sans la haine; car la haine ne naît que de la lutte entre la force physique et la force morale. Arrivant en vainqueur, je déposais de plein gré, sans y être forcé, mon épée sur l'autel de la patrie; on pouvait alors avoir foi en moi. » N'est-il pas dit ailleurs qu'un congrès national doit s'assembler pour décider des destinées de la France? On s'est présenté devant les soldats au cri de *vive l'empereur!* parce qu'aucun autre cri de ralliement ne peut exciter aussi vivement leur enthousiasme. Les masses ne se passionnent jamais pour un principe, mais pour un homme ou pour un nom qui leur rappelle de glorieux souvenirs. Or, quel nom fut jamais plus populaire que celui de l'empereur? Comme l'aîné des neveux de la famille impériale, » dit ailleurs le prince, « je puis me regarder comme le représentant de l'élection populaire. Je ne dirai pas de l'empire, parce que depuis vingt ans les idées ont dû changer. » Ce ne serait pas ainsi, je pense, que s'exprimerait un homme qui aurait eu l'intention de faire une révolution par l'armée et pour l'armée. Maintenant il ne me reste plus que quelques mots à ajouter pour terminer ma défense. On m'a reproché d'avoir calomnié la mémoire du général Lafayette, d'un homme qui avait prêté serment au gouvernement issu de la révolution de juillet. N'y a-t-il donc pas eu un autre personnage qui, après avoir aidé puissamment à faire la révolution de 1830, et lui avoir prêté serment, en a demandé pardon à Dieu et aux hommes. Pourquoi ne serait-il pas permis de croire que le général Lafayette s'est repenti de ce qu'il a fait? Quant à moi j'en ai la certitude. On a même cherché à nier qu'il eût vu, en 1833, le prince Napoléon. Je puis heureusement citer des témoins, et je les nommerai si la Cour le désire: ils sont prêts à déposer de la vérité du fait.

Quand j'ai parlé de l'impuissance du serment politique, j'ai eu le courage de dire tout haut ce que beaucoup de personnes pensent tout bas. S'il est un homme de cinquante ans qui n'ait jamais prêté qu'un serment et qu'il lui soit resté fidèle, à celui-là seul je reconnaîtrai le droit de m'accuser. Quant à moi, je n'en ai prêté qu'un; je l'ai violé, c'est vrai; mais j'engageais ma tête. D'autres ont violé les leurs pour abandonner le faible qui venait de succomber, et pour suivre le fort qui triomphait. Que l'on prononce entre eux et moi.

Je terminerai en citant le commencement et la fin de ma brochure; je dis en commençant : « Dans les premiers moments, il était difficile de faire connaître tout ce qui avait rapport à l'insurrection du 30 octobre, on manquait de renseignements; l'auteur de l'insurrection était à deux mille lieues de nous, et sa défaite était trop récente pour pouvoir en parler avec calme, maintenant que les passions sont apaisées, il est de mon devoir de faire connaître la vérité, etc. ; » et je dis en finissant : « notre seul but a été de faire connaître la vérité, car la publicité est la seule ressource des opprimés; heureux ceux pour qui la relation exacte des faits est le plus bel éloge! Il n'entre pas dans nos vues de considérer l'événement du 30 octobre dans les rapports qu'il pourrait avoir avec l'avenir. »

Ce n'est pas ainsi que s'exprimerait un homme que l'on accuse de provocation à la révolte. Si, par malheur, le prince Napoléon fût mort, je n'en aurais pas moins écrit cette brochure pour justifier sa mémoire et les compagnons de son entreprise. Je crois que dans cette supposition on n'eût point mis le même acharnement à me poursuivre.

Tant pis pour le gouvernement s'il ne se croit pas assez fort pour entendre la vérité. On a fait tout ce qu'on a pu pour me trouver en état de conspiration, et on n'y a pas réussi. Je suis arrivé à Paris sous mon nom véritable, et je n'ai point cherché à me cacher un seul instant. Beaucoup de personnes même étaient informées du but de mon voyage à Paris. J'ai bien fait de distribuer gratuitement ma brochure, puisqu'on l'eût saisie si je l'avais mise en vente chez les libraires.

Si mon écrit n'est qu'un tissu d'impostures et de calomnies, pourquoi a-t-on ordonné des recherches dans Paris et les principales villes? La calomnie ne fait jamais de mal qu'à ses auteurs.

Voilà, messieurs les pairs, tout ce que j'avais à dire pour ma justification. J'attends maintenant votre arrêt avec la tranquillité d'un homme qui ne croit pas avoir démérité de la patrie.

Au moment où Me Michel se lève, un vif mouvement d'attention se manifeste dans l'assemblée.

Plaidoirie de Me Michel.

Messieurs les pairs, en lisant l'ordonnance de délégation de ce procès à la Cour des pairs, et le réquisitoire dressé en exécution de cette ordonnance, j'ai cru apercevoir dans le procès actuel, de la part du ministère qui l'a créé, le dessein de porter atteinte à la liberté de la presse et aux prérogatives de l'institution du jury.

Cette pensée, Messieurs, est vraie ou fausse, il importe peu. Je veux seulement que vous sachiez que c'est précisément cette pensée et cette conviction qui m'ont amené dans ces débats.

Quel est donc mon espoir?

Quand je songe au temps où nous vivons, à l'incertitude qui règne sur les attributions du plus haut tribunal politique qui ait existé; quand je songe que vous êtes les mêmes juges qui, après une discussion longue et solennelle, vous êtes déjà déclarés compétents, et avez décidé, à une immense majorité, qu'il y avait lieu de mettre en jugement Laity, à l'occasion d'une brochure que vous avez sous les yeux, vous le comprenez, sans que j'aie besoin de le dire, les forces sont sur le point de m'abandonner.

Mais quand je songe à la gravité de ce procès, quand je songe à la portée de l'essai qu'on fait devant vous, quand je me rappelle avec orgueil, pour le pays et pour vous-mêmes, que la presse et les journaux, dans d'autres temps, ont trouvé dans cette enceinte de constants et d'infatigables défenseurs, alors, Messieurs, l'espérance renaît dans mon cœur.

Qu'on m'accuse de naïveté ou de candeur dans ma confiance, j'y consens; je ne puis consentir à désespérer du triomphe de la vérité et de la justice.

Deux questions vous sont soumises.

Êtes-vous compétents? et, subsidiairement, Laity est-il coupable?

La question de compétence, Messieurs, enveloppe à elle seule toute les questions du procès ; car je serai amené logiquement par la force même du raisonnement à examiner, comme l'un des aspects de la question de compétence, le fond même du procès ; car, si la provocation, si l'excitation qui nous sont reprochées n'existaient pas, ou de première vue, ou au fond, il est évident que vous perdriez tout ensemble, et le droit de nous juger, et la possibilité de nous frapper.

Messieurs, il existe une justice politique. Des âmes généreuses, attristées par les excès des tribunaux politiques, ont nié la nécessité de ces sortes de juridictions.

Des esprits éminents, alors qu'ils étaient dans l'opposition, ont soutenu que la justice était viciée par le moindre contact avec la politique. Il est vrai qu'une fois arrivés au pouvoir, ils ont pratiqué le système contraire.

Pour moi, Messieurs, qui n'ai ici ni à flétrir le passé, ni à m'engager pour l'avenir, je constate ce fait : il existe depuis cinquante ans en France une justice politique. Lorsqu'un fait se reproduit souvent, à toutes les époques, sous tous les régimes, si ce fait n'est pas la vérité, il est bien près de l'être.

La justice politique, Messieurs, a-t-elle des lois ? Qui en doute ?

Elle a les lois de sa constitution, les règles de sa procédure, le code de ses châtiments et les conditions de sa compétence. Je chosis dans ce vaste sujet, ce qui a trait directement à la question actuelle.

Je m'occupe de la compétence.

La question est excessivement grave, et cette gravité résulte, je ne dirai pas de l'impossibilité où vous vous êtes trouvés avant le procès de déterminer cette compétence, mais de l'excessive difficulté que vos diverses commissions, quoique éclairées par une longue expérience et de hautes lumières, ont rencontrées lorsqu'elles ont voulu établir définitivement les limites de votre juridiction.

Cependant, voulant marcher d'un pas ferme dans la carrière que je me suis tracée, j'ai examiné, j'ai étudié quelles sont les règles et les conditions sur lesquelles toutes vos commissions et tous les rapporteurs sont tombés d'accord.

J'ai trouvé qu'il fallait, aux termes de la Charte, que le fait déféré à la Cour des pairs fût un attentat à la sûreté de l'État.

J'ai trouvé, de plus, que les attentats de toutes les espèces n'étaient pas justiciables de la Cour des pairs ; elle ne peut connaître que des attentats contre la sûreté de l'État d'une immense gravité.

Enfin, j'ai trouvé dans votre jurisprudence, qui est la seule loi de la matière, qu'à côté de la gravité de l'attentat il fallait nécessairement la gravité des circonstances au milieu desquelles il avait été conçu, exécuté ; et au milieu desquelles on pouvait le juger.

Je dis que c'est votre jurisprudence ; et, en effet, si vous remontez à la Cour des pairs sous la Restauration, vous apercevez une multitude d'attentats jugés par le jury, et vous ne trouvez que la conspiration du 19 août qui ait été jugée par la Cour des pairs.

Et, en ce qui touche les faits individuels d'une grande gravité, vous avez, à côté du procès de Louvel, d'autres procès du même genre qui ont été soumis au jury, parce qu'à côté de la gravité du fait, ne se trouvait pas la gravité des circonstances.

Votre jurisprudence a été la même depuis 1830 : vous avez jugé le procès d'avril ; mais combien d'autres procès du même genre, suscités par les mêmes attentats, ont été exclusivement soumis à la juridiction des cours d'assises. Vous avez jugé Fieschi, Alibaud et Meunier ; mais une foule d'autres individus prévenus des mêmes crimes ont été renvoyés devant le jury.

Tout cela est fondé en raison.

Pour un pays libre et constitutionnel, il n'y pas de plus grand événement que l'appel fait à la justice suprême de la cour des pairs ; il n'y a pas de plus grande cause d'émotion. Cet appel fait à propos peut sauver le pays. Mais si cet appel est fait dans des circonstances ordinaires, quand le calme et la paix règnent partout, quand l'organe de l'accusation vient le proclamer lui-même, je dis que saisir, dans de telles circonstances, la cour des pairs de la connaissance de crimes et délits qui auraient même le caractère d'attentat, c'est mentir pays, c'est mentir à la raison d'état, c'est compromettre la dignité de la pairie. Si jamais vous contractiez cette déplorable habitude de juger, vous ne seriez plus la justice politique, vous ne seriez plus la justice ordinaire; vous seriez ce que vous ne pouvez pas être, la tyrannie organisée et fonctionnant à l'ombre des lois.

_ Voilà les deux bases de toute ma discussion.

Il faut que les faits soient graves, qu'ils aient la gravité voulue par la Charte, qu'ils constituent un attentat et un attentat d'une certaine gravité; il faut de plus que les circonstances dans lesquelles on fait appel à votre justice aient une gravité telle que de deux choses l'une : ou l'on craigne que le jury n'ait pas la capacité nécessaire pour apprécier l'étendue du crime, ou qu'il n'ait pas la vigueur nécessaire pour le réprimer.

Appliquons ce principe à la cause, et marchons le plus rapidement possible.

Je commence par la dernière condition, la condition *sine quâ non*, celle que vous ne pouvez négliger sans altérer les garanties que vous devez au pays par l'emploi le plus rare de votre juridiction; je veux parler de la gravité des circonstances.

Une insurrection militaire éclate à Strasbourg : elle succombe. Ceux qui y ont pris part sont traduits aux assises de la localité. Le jury acquitte les accusés, probablement parce que l'un d'eux, le principal acteur, ayant été gracié, il a pensé, par des sentiments que je constate, mais que je ne discute pas, que le bénéfice de la grâce devait être étendu aux autres accusés. Différents récits de l'événement insurrectionnel sont publiés, soit par de simples particuliers, soit par des organes avoués du Gouvernement. Un réquisitoire est prononcé à la cour d'assises de Strasbourg. Le principal accusé prétend que les faits ont été mal rapportés, les intentions mal appréciées, le but et les moyens mal compris; et cependant deux années s'écoulent, l'auteur principal de l'insurrection revient, dans un pays hospitalier, rendre les derniers devoirs à sa mère. Un jeune officier, qui avait fait partie de l'insurrection, se rend auprès de lui. On décide qu'on profitera du moment où les passions sont calmées, le bruit de l'événement apaisé, la sensation produite par le verdict du jury éteinte, pour appeler l'attention du public sur des faits tombés désormais dans le domaine de l'histoire.

7.

La relation est rédigée, l'auteur vient à Paris, il s'y loge sous son nom dans un hôtel garni, il fait connaître à beaucoup de personnes le but de son voyage, il s'adresse à un imprimeur breveté du Gouvernement. Il conclut les conditions pécuniaires de son marché ; l'imprimeur s'empresse d'accomplir les formalités voulues par la loi, protectrice de tous les droits, du droit de publication pour les auteurs comme du droit de surveillance pour le Gouvernement.

Le 12 juin, l'imprimeur déclare au bureau du ministère de l'intérieur, spécialement chargé de recevoir ces sortes de déclarations, qu'il est dans l'intention d'imprimer un écrit intitulé *Relation historique des évènements du 30 octobre* 1836 : *le prince Napoléon à Strasbourg*, par M. Armand Laity, ex-lieutenant d'artillerie.

Vous ne perdrez de vue, Messieurs, ni la date de la déclaration, ni les énonciations qu'elle contient: *Strasbourg, le prince Louis Napoléon, Laity*.... 1836. Voilà des énonciations qui sont de nature à appeler l'attention du Gouvernement. Certes, ou le livre est bien innocent ; ou l'autorité est bien coupable, elle a été suffisamment avertie.

Le 15 juin, l'ouvrage paraît ; l'imprimeur fait le dépôt de deux exemplaires. Ainsi, à partir du 15 juin, le ministre a sous les yeux non-seulement l'intitulé révélateur, mais l'ouvrage lui-même. Il peut lire l'ouvrage, que dis-je ? Il doit le lire ; c'est pour lui un devoir. Cependant le 15 juin, le 16, le 17, le 18, le 19, le 20 juin, la publication de la brochure se fait ostensiblement ; on l'adresse aux pairs, aux députés, aux principaux fonctionnaires du Gouvernement. Que faisait pendant ce temps le Ministère ? Que faisaient ses agents ? A quoi donc employez-vous vos 3 millions de fonds secrets ? Que faisait de son côté le public, qui devait s'émouvoir si profondément ? Que faisait la presse si vigilante, si inquiète, je ne parle pas de la presse hostile, opposante, mais de la presse gouvernementale, que faisait-elle ? Tout le monde s'était entendu pour garder le silence le plus absolu sur la brochure *incendiaire*.

Cette complicité d'un silence unanime me semble révéler ou une profonde indifférence, ou un profond oubli. Mais voici que l'orage gronde ! Le Ministère sort tout-à-coup de sa longue apathie. Cette brochure naguère si innocente, elle lui apparaît grosse de deux attentats énormes contre la sûreté de l'Etat, et alors l'activité succède au repos, la passion à l'indifférence, et la poursuite la plus inouïe à la tolérance la plus inconcevable. La brochure est saisie, l'auteur est arrêté dans son domicile ; il est mis en prison et tenu au secret pendant plusieurs jours ; l'information se commence et se poursuit à Paris, sur tous les points de la France. Le télégraphe apprend aux provinces étonnées qu'on vient de découvrir une grande, une immense conspiration. A Paris, on se livre à des visites domiciliaires. Si les propriétaires sont présents, on y procède sous leurs yeux ; s'ils sont absents, on force l'entrée de leurs maisons. Les femmes elles-mêmes n'échappent point à l'activité inquiète de la police. Mais ces mesures pouvaient ne rien produire ; le Gouvernement pouvait s'être trompé et le pays pouvait apprendre le lendemain que les craintes qu'on avait conçues n'étaient pas légitimes. Mais on se hâte, on ne se donne même pas le temps de la réflexion. Dès le 21, jour de l'arrestation de Laity, on vient déposer sur le bureau de M. le chancelier l'ordonnance de délation ; et vous, Messieurs, dans votre sollicitude pour le pays, vous vous êtes empressés de répondre à la confiance que l'on vous témoignait. Vous avez nommé une commission à laquelle vous avez donné de pleins pouvoirs.

Que s'est-il donc passé depuis le 15 juin jusqu'au 21 ? Quels nuages ont traversé l'horizon ? La commission a fait introduire l'accusé devant elle ; elle lui a fait subir un interrogatoire ; vous avez le rapport déposé sous vos yeux. Eh bien ! qu'y voyez-vous ? Moi, j'y vois la brochure de Laity et rien que la brochure ; j'y vois, si l'on veut, les germes d'un attentat isolé. Je me trompe, j'y vois deux faits que vous devez à la loyale franchise de l'accusé. L'un, c'est la participation, sinon complète, du moins partielle du prince Louis à la brochure ; l'autre, les dix mille exemplaires distribués en des mains non suspectes, car, et ceci est un point capital dans la cause, cette distribution s'est faite, non pas dans le peuple, non pas dans l'armée, mais dans vos propres mains, Messieurs, dans les mains des députés, des principaux fonctionnaires publics.

Certes, on ne veut pas fomenter l'insurrection quand on s'adresse à de pareils personnages.

Voilà pour Paris. Qu'a-t-on découvert dans les départements? rien. On n'a pas même mis la main sur les brochures qui devaient s'y rencontrer, soit qu'elles n'aient pu parvenir à leur destination, soit que, comme l'a déclaré Laity, on n'ait pas eu les moyens de les y envoyer. En fait, les commissaires de police qui avaient reçu l'ordre de les saisir ont été désolés de ne pouvoir l'exécuter, de ne trouver aucun exemplaire.

Il s'est donc passé quelque chose d'extraordinaire à l'étranger? Point. C'est un calme désespérant partout. En Angleterre le peuple sacre sa reine; il applaudit à la gloire militaire de la France dans un illustre maréchal que je regrette de n'avoir pas ici pour juge. Dans les autres royaumes rien au monde qui puisse alarmer notre gouvernement. Le prince Louis Napoléon lui-même prononce une harangue éloquente, mais inoffensive, devant la société des arquebusiers du canton de Thurgovie, qui lui avait conféré, je crois, le titre de membre du grand conseil.

Telle est la gravité des faits, telles sont les circonstances pressantes, imprévues auxquelles on ne pouvait pas se soustraire.

Vous manquez donc de la condition sans laquelle la constitution ne vous permet pas de passer à l'état de justice politique, état qui est, je le répéterai sans cesse, un état extraordinaire, exceptionnel, circonstanciel.

Voyons maintenant si la seconde condition existe, voyons si l'on vous a déféré un attentat, si l'attentat dont il s'agit a le caractère voulu par la loi pour éveiller, exciter et féconder votre juridiction. Ici, je dois le dire, je marche sur des charbons ardents. Je touche à la loi du mois de septembre 1835, et je demande à la Cour de me permettre une certaine liberté d'expression qui du reste ne me fera en rien sortir des limites que je me suis tracées.

Messieurs, si j'avais besoin de soutenir devant vous que les lois de septembre sont inconstitutionnelles, je ne manquerais pas d'autorités fort graves pour développer cette thèse. Mais je crois qu'elle n'est pas nécessaire à mon sujet, elle ne pourrait que m'entraîner dans des discussions qui passionneraient ce débat, où une grande austérité de conscience et une grande impartialité d'opinion doivent régner.

Que veux-je donc soutenir? Je veux soutenir devant vous et avec la plus grande confiance que l'esprit des lois de septembre s'oppose à ce que vous soyez investis de la connaissance du délit qui vous est déféré. C'est une thèse de droit ; si je me trompe, je subirai les conséquences de mon erreur : seulement j'aurai mal employé les instants que la Cour veut bien m'accorder. Vous me permettrez de reprendre les choses d'un peu haut.

En 1819, deux lois furent faites pour déterminer les attributions et la juridiction des tribunaux en ce qui touche la liberté de la presse, et il fut écrit dans ces lois que désormais les délits de la presse seraient jugés par le jury. Le jury et la presse, voilà deux choses qui effraient les mauvais gouvernements. On détermina donc avec soin les délits et les crimes de la presse: il n'y avait point alors de motifs pour se laisser emporter, ces lois furent faites avec autant de calme que de sagesse. La restauration, Messieurs, avait peu de goût pour la liberté de la presse ; j'ose dire qu'elle n'avait pas un goût bien prononcé pour l'institution du jury. De là, cette lutte éternelle, qui faisait le désespoir des hommes vraiment constitutionnels, des hommes vraiment amis de leur pays et d'une sage liberté.

De là cette lutte, à la suite de laquelle la restauration enleva au jury cette connaissance des délits de la presse, dont on l'avait investi par les lois de 1819. Mais je dirai, pour l'instruction de tous, que si les lois de 1822 et de 1828 dépouillaient le jury de la connaissance des délits de la presse, ces délits continuaient à être déférés à la juridiction ordinaire. On substitua seulement les tribunaux correctionnels et les cours royales à la juridiction des cours d'assises; on fit tout cela, mais on ne fit pas davantage. Eh bien! ce fut un grand mal, ce fut une grande faute : la Restauration l'a expiée.

Que se passa-t-il en 1830? Ce souvenir du passé ne devait pas être perdu. On eut soin de promettre une loi qui, doré-

navant, placerait les délits de la presse à l'abri des juridictions arbitraires. La loi d'octobre 1830 eut pour mission d'accomplir cette promesse de la Charte, et déclara que la connaissance de tous les délits de la presse serait attribuée aux
cours d'assises. La presse, Messieurs, a-t-elle abusé du bienfait qu'on lui avait accordé? Le jury n'a-t-il pas répondu à
la haute mission, qu'on lui avait confiée? Toujours est-il
qu'en 1836 il fut question d'enlever au jury la connaissance
de certains délits de la presse, et l'on ne se borna pas, comme
sous la Restauration, à transporter cette connaissance aux
cours ordinaires. On pensa qu'un seul pouvoir offrait assez
de garantie au pays pour la répression de certains délits de
la presse; c'était le vôtre. Mais il y avait un grand obstacle
à ce dessein, c'est que d'une part l'art. 69 de la Charte déférait au jury la connaissance des délits de la presse, et que
de l'autre, l'art. 28 ne déférait à la cour des pairs que la
connaissance des attentats. Il fallait donc élever certains délits à la hauteur du crime, puis à la hauteur de l'attentat ;
c'est le maximum de l'honneur qu'on ait jamais fait aux délits de la presse. Cette loi fut acceptée après de longues discussions, et, après avoir été combattue par les autorités les
plus puissantes : quand j'aurai prononcé le nom de M. Dupin,
de M. Royer-Collard, de M. Nicod, j'aurai tout dit. M. Royer-
Collard disait alors qu'il était à craindre que la chambre des
pairs ne devint un *instrumentum regni.* Et, Messieurs, dans
cette lutte avec le jury, ce ne serait pas le jury, c'est la
chambre des pairs qui périrait.

Il y a donc nécessité d'examiner à fond les lois de septembre
et d'en bien pénétrer l'esprit. N'allez pas croire, Messieurs,
que le zèle pour ma cause me fasse créer des systèmes arbitraires. Non, Messieurs, c'est encore à votre autorité que j'en
appelle, à l'autorité bien importante dans toutes matières,
et déterminante dans celle-ci : c'est à l'autorité de votre
rapporteur.

Fut-il convenu, lors de la discussion des lois de septembre,
que la faculté (j'appuie sur le mot) laissée au gouvernement
de vous saisir de certains délits ne pourrait être exercée que
dans des cas extrêmement rares, dans ces cas dont précisément je vous parlais tout-à-l'heure, et qui se résument en

deux mots, auxquels il faut toujours revenir : gravité des circonstances, des crimes, et crainte que le jury ne soit impuissant pour les réprimer? je me hâte, Messieurs, d'abandonner des paroles qui sont les miennes, qui partant n'ont pas d'autorité pour arriver à l'autorité que j'invoquais tout-à-l'heure.

M. de Barante, avec la hauteur de vues qui caractérise son talent, remonte à la source de la question; il demande le véritable motif de votre compétence, d'une manière absolue et générale; puis il en déduit les conséquences aux faits que vous êtes appelés à régler. Il prenait des exemples dans ce qui s'est passé, et, en effet, tout le monde en convient, il est évident qu'on ne serait pas venu présenter les lois de septembre, si les circonstances extraordinaires au milieu desquelles nous vivons depuis cinq ans n'en avait fait une espèce de nécessité. Eh bien! votre savant rapporteur s'exprimait ainsi : Quel est le désordre qui a eu lieu et auquel nous voulons porter remède? C'est assurément cette discussion quotidienne des principes du gouvernement qui dégénère en attaques et en provocations.

Admettons qu'une déclaration, que plusieurs déclarations successives du jury aient établi une jurisprudence d'acquittement pour les attaques et les provocations; car, on a beau dire, la déclaration d'un jury a de l'influence sur un autre jury; il a dû en résulter que la première déclaration en amène une seconde, le mal s'aggrave, la contagion s'étend; alors la provocation devient un acte plus grave et plus coupable, alors une autre jurisprudence peut devenir nécessaire, et un arrêt solennel doit intervenir.

Vous le voyez, Messieurs, il faut une jurisprudence d'acquittement; il faut que le jury ait manifesté par une série de verdicts ou bien l'impuissance de son intelligence, ou la couardise de son cœur; voilà les vrais principes. Alors, Messieurs, vous reprenez votre souveraine juridiction, et vous faites découler de la hauteur de vos siéges une jurisprudence qui lie toutes les autres Cours du royaume. Voilà des principes; ils ne sont pas de moi, ils sont de votre commission : c'est dans son rapport que j'ai étudié l'affaire.

Je me hâte d'aller au-devant d'une objection sur laquelle

il faut nous expliquer loyalement. On vous parlera du verdict de Strasbourg; on vous dira : « Prenez garde, vous êtes dans l'hypothèse prévue par M. de Barante. » Si cela était vrai en fait; si j'avais la conviction que le bill de Strasbourg fût dû à l'autorité du grand nom de Napoléon, de telle sorte qu'il fût permis de supposer que, dès qu'on se présentera devant un jury français avec le prestige de ce nom, on obtiendra un acquittement, je serais le premier à demander l'intervention de votre juridiction.

Pouvez-vous accepter cette position ? Pouvez-vous, vous, Messieurs, qui connaissez l'esprit public, le bon sens des classes moyennes, la difficulté de leur faire illusion, pouvez-vous dire : Nous reconnaissons qu'un grand attentat a eu lieu; il est à craindre qu'en France, à Paris notamment, on ne trouve pas un jury qui veuille le réprimer. Non, vous ne le direz pas, car alors vous feriez une injure gratuite au bon sens du jury.

De bonne foi, pensez-vous que le jury de Strasbourg ait reculé devant la crainte de frapper des hommes qui s'étaient insurgés au nom de Napoléon. Eh ! mon Dieu, non. Le jury a voulu les faire participer au bienfait d'une grâce accordée au principal acteur.

Voici la question qui doit être vidée par la raison d'État, il y a un conflit. Je ne veux pas plaider ici avec de misérables raisons de droit; je plaide la raison d'État, et je vous demande si vous voulez vous mettre en opposition avec le jury. On me dira non; moi, je dis oui. Permettez-moi, Messieurs, de dire que vous avez commis une grave imprudence. Car, enfin, si l'on pense qu'en France le nom seul de Napoléon fait abaisser devant lui les faisceaux de la justice, je dis que vous avez eu tort de donner à sa sœur une pension de 100,000 fr., et d'élever sa statue sur la colonne de la place Vendôme. Non, il n'y a rien de tel en France, il n'y a que le sentiment de la liberté qui domine : quiconque voudrait le méconnaître ne serait plus rien pour la France.

Cette question, nous pouvons la résoudre à l'instant même. Je ne veux pas sortir d'ici sans qu'on sache s'il y a en France une puissance que la justice ne puisse atteindre.

Où est dans la presse l'organe de ce parti napoléonien; je

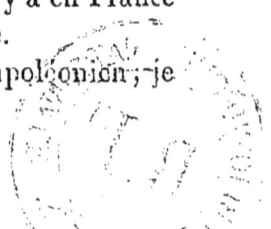

le cherche et ne le trouve pas. Dans ces lois de septembre qu'on disait si meurtrières, mais qui, en définitive, n'ont tué que ceux qui les ont faites ; qu'apercevez-vous ? deux partis contre lesquels elles sont dirigées, le parti carliste et le parti républicain ; mais du parti napoléonien, il n'en est pas question ; pourquoi ? parce qu'on avait alors un sentiment général, universel, que cette cause n'était pas assez puissante pour qu'on s'en occupât, parce qu'elle n'avait pas d'organe avéré ; et une cause sans organe me paraît être une cause presque perdue. Un journal en 1830 avait été consacré à la défense de ce parti, mais ce journal est tombé devant les condamnations du jury. Voilà un fait sur lequel je n'insiste pas, mais dont vous pouvez tirer la conséquence. Où est donc la puissance, où est la magie qui s'attache à ce parti ?

Je vais plus loin. Prenez garde à la voie dans laquelle on veut vous faire entrer. Les prétendants, vous les connaissez tous. Si on vous réunit aujourd'hui pour la brochure Laity, demain on vous réunira pour une autre brochure.

Eh bien ! vous aurez deux manières de rendre la justice, d'appliquer les lois de septembre. Je vais citer un exemple qui va vous frapper tous ; il est récent. Dans un département de la frontière, un prétendant aurait trouvé un organe : sa mère, et une femme qui se serait chargée de faire connaître au pays ses vœux et ses espérances, par une lettre. Cette lettre je ne veux pas la lire, vous la connaissez ; elle est toute provocatrice ; il n'y a pas moyen de discuter sur les mots qui la composent : « Un jour mon fils se mettra à votre tête et remplacera sur le trône le fils de Henri IV. » Est-ce qu'on a été ému de cette publication ? Est-ce qu'on a interrompu vos travaux pour déférer à votre justice cet attentat extraordinaire ? Qu'a-t-on fait ? On a traduit la publicatrice ; devant qui ? Devant le jury ; et devant quel jury ? devant le jury de la localité. Qu'a fait le jury ? il a usé de tout son bon sens pour juger que Henri IV était un beau nom, mais un peu vieux ; il a jugé qu'après tout, une conspiration de femme était très-peu dangereuse ; mais faisant une juste appréciation des temps et des lieux, il a condamné la *publicatrice* à la prison et à l'amende. Vous voyez que, quelque part que ce soit, le jury ne méprise

pas assez les conspirations sous forme de brochure pour les acquitter.

Si je me trompe, si je fais une fausse appréciation des faits, déclarez-vous compétents. Mais nous avons ici l'aveu du ministère public que le délit n'est pas grave. Pourquoi donc ne pas renvoyer devant le jury de Paris, qui est très-intelligent, très-capable, et qui, plus d'une fois, a prouvé qu'il n'était pas trop indulgent. Après les condamnations qu'il a prononcées, on ne peut pas accuser ce jury de manquer d'intelligence ni de fermeté.

(Après un quart-d'heure de suspension, l'audience est reprise. (En passant devant M⁰ Michel, plusieurs pairs le félicitent.)

M⁰ MICHEL. Aucune des conditions essentielles pour que vous puissiez vous déclarer compétents ne se rencontre dans ce procès. Je vous ai dit que les circonstances au milieu desquelles le crime aurait été commis, et les circonstances au milieu desquelles nous sommes, n'ont pas la gravité nécessaire pour justifier l'exercice de votre juridiction.

Arrivant ensuite à la question de savoir dans quels cas les lois de septembre, en vertu desquelles nous sommes traduits devant vous, permettent le renvoi devant votre juridiction, j'ai essayé d'établir qu'il fallait la double circonstance d'attaques continuelles, perpétuelles, dangereuses pour la sûreté de l'Etat, et d'une sorte de complicité, qu'on me passe ce mot, de la part du jury.

Voilà le résumé d'une opinion sans doute trop longuement développée.

J'arrive à la troisième question. Cette question a un double aspect. Je l'envisage comme devant exercer une grande influence à la fois et sur la question de compétence, puisque vous ne pouvez être juges qu'autant que les faits reprochés s'élèvent à la hauteur d'attentat extraordinaire, et sur la question du fond, puisque vous ne pouvez nous condamner que tant que l'attentat extraordinaire existe, est démontré.

On reproche à la brochure de Laity de contenir une provocation aux crimes prévus par l'article 87 du Code pénal, provocation non suivie d'effet. Vous savez que cet article prévoit l'attentat dont le but serait de détruire ou de changer le gouvernement et l'ordre de successibilité au trône et d'exciter les citoyens à s'armer contre l'autorité royale.

On lui reproche aussi une attaque contre le principe et la forme du gouvernement dans le but de le détruire.

Vous voyez qu'il existe un lien commun entre les deux chefs de l'accusation : qu'on provoque à détruire le gouvernement établi ou qu'on en attaque le principe ou la forme dans le but d'exciter à le détruire, l'objet de la pensée criminelle est toujours le même : la provocation ou l'excitation à renverser le gouvernement

Quel est donc l'écrit qui donné lieu à une aussi grave acsation ? S'agit-il d'un appel à l'armée, au peuple ? En lisant la brochure incriminée, avez-vous ressenti cette émotion vive, profonde, produite par la violence des attaques et la vivacité de l'expression ? Nullement. Et ici votre tâche, ou plutôt la tâche de l'accusation et de la défense est plus difficile. La brochure qui vous est déférée se compose de quatre-vingt-quinze pages dont une partie est consacrée à la relation du procès de Strasbourg, et l'autre à des pièces officielles. Vous apprécierez cette brochure dans son ensemble. Il serait indigne de votre haute juridiction, et tout au plus digne d'un tribunal correctionnel, d'en éplucher toutes les phrases et d'en examiner tous les mots un à un..

Permettz-moi, Messieurs, de poser quelques principes généraux sur la manière dont vous devez apprécier la brochure qui vous est déférée.

Et d'abord, Messieurs, fixons-nous bien sur la nature de l'écrit. Si le prince Louis-Napoléon était traduit devant vous et qu'on lui demandât compte d'une brochure dans laquelle il reproduit ses opinions et ses sentiments , vous concevez qu'alors l'attaque de la part de l'accusation serait directe ; il faudrait répondre : J'accepte ; je répudie ou j'explique.

Telle n'est pas la position de Laity, Sa brochure, ainsi que l'indique le titre, est la relation historique d'un événement auquel Laity a pris part, sans doute, mais où il ne figure pas en première ligne ; le rôle principal, je pourrais dire le rôle unique, c'est au prince Louis qu'il appartient.

Or, Messieurs , faites la part de ce qui, dans l'un est personnel au prince, et de ce qui est personnel à Laity, à son historiographe, s'il me permet l'expression, et vous verrez que la personnalité de Laity est effacée par celle du prince.

Dira-t-on que quand une conspiration a éclaté, qu'elle a été réprimée, que la justice a eu son cours, il n'est plus permis d'en faire l'histoire, de faire connaître les sentiments qui animaient ceux qui y ont concouru? Cela est-il soutenable? Il faut bien que vous laissiez une certaine latitude à l'historien qui raconte un fait grave, qu'il doit faire connaître dans l'intérêt de la vérité; il faut bien qu'il puisse dire quelles étaient les opinions du principal chef, son but, son dessein, ses moyens, ce qu'il proposait, ce qu'il voulait.

Eh bien! je le répète, faites consciencieusement, comme je suis sûr que vous le ferez, faites ce travail; dépouillez le récit de tout ce qui est sentiment personnel chez le prince, et vous verrez que ce qui regarde Laity se réduit, pour ainsi dire, à rien.

Qu'est-ce à dire? que j'ai pu, sous le nom du prince, propager des opinions qui me seraient personnelles. Je le reconnais, si j'emprunte un nom, et qu'à l'appui de ce nom je veuille propager, répandre dans le public de mauvaises doctrines, des principes dangereux, il faudra me punir, peut-être deux fois, parce que je n'aurai pas eu le courage de mon opinion. Mais si vous apercevez la loyauté des intentions, si vous vous dites : Le personnage à qui on prête ces doctrines a pu vraisemblablement les exprimer, et il ne s'agit pas ici d'un récit mensonger; la brochure a été adressée à un public éclairé, elle n'a été mise qu'entre les mains des hommes de haute intelligence, elle n'est pas descendue dans les classes inférieures, qui auraient pu en abuser. Si vous vous dites : Laity a voulu faire connaître au public ce qui s'est passé à Strasbourg, les sentiments du prince, le but, les moyens, les résultats de la conspiration; alors serez-vous étonnés qu'il ait été, par la nature même de son travail, du genre de publication qu'il a adopté, amené à exprimer les opinions politiques qui sont l'objet de l'accusation.

Telle est cependant la véritable position de Laity : ce sera si vous voulez le partisan dévoué du prince. Vous ne pouvez lui reprocher de manquer de franchise, il vous a déclaré qu'il n'a pas entendu conspirer, provoquer une nouvelle insurrection. Sans doute, tout mauvais cas est niable; mais trouvez-vous beaucoup d'hommes politiques qui veuillent dissimuler la vérité? En général, cela fait honneur à notre civilisation, la dissimulation n'est pas le crime des hommes politiques de nos jours.

Voulez-vous ne tenir aucun compte des déclarations de Laity dans ces interrogatoires ou à cette barre, consultez la brochure. Quel en est l'intitulé? *Relation historique des événcnements du 3 octobre.* Quel est le but de l'auteur? il l'indique lui-même. Écoutez-le :

« L'entreprise du prince Napoléon a été mal jugée, et dans les motifs qui l'ont amenée, et dans ses moyens d'exécution et dans ses résultats.

« Le prince devait survivre à ses rêves de gloire, et l'acte violent qui va le soustraire à la justice le livrera sans défense aux attaques des partis toujours prêts à se ruer sur les tentatives hardies que la fortune abandonne. Il a recommencé un nouvel exil, laissant en France ses actes dénaturés, ses intentions calomniées et méconnues.

« Dans les premiers moments, il était difficile de faire connaître tout ce qui avait rapport à l'insurrection du 30 octobre : on manquait de renseignements; l'auteur de l'insurrection était à 2,000 lieues de nous, et sa défaite était trop récente pour pouvoir en parler avec calme. Maintenant que les passions sont apaisées, il est de notre devoir de faire connaître la vérité; nous allons montrer les choses telles qu'elles se sont passées, et l'on verra que ce n'est qu'après de graves investigations sur l'état de la France, que ce n'est qu'après avoir pesé froidement toutes les chances qui étaient en faveur de son entreprise que le prince en arrête l'exécution, »

Y a-t-il là provocation à faire une insurrection, à recommencer l'acte qui fut l'objet du verdict de Strasbourg?

Je concevrais encore que nonobstant la déclaration faite à l'audience, nonobstant les explications qui servent de préambule à la brochure, on se montrât sévère dans l'appréciation des sentiments et des opinions qu'elle contient.

Dans quel cas? Dans le cas où il n'y aurait pas eu nécessité de la publier lorsqu'on pourrait se dire : Où était le besoin, soit pour le prince Napoléon, soit pour Laity, d'appeler l'attention du pays sur un fait sans doute acquis au domaine de l'histoire, mais qu'on pouvait laisser sommeiller, pour ne pas raviver des passions peut-être mal éteintes. Ceci a besoin d'une explication.

J'ai là sous la main le procès de Strasbourg; il contient le réquisitoire de M. le procureur-général. Dans ce réquisitoire que je ne juge point, mais dont je constate le contenu, le prince Louis a été maltraité, non pas sous le point de vue de la criminalité de ses actes, mais sous un point de vue qui pouvait, qui devait lui être beaucoup plus sensible. Qu'a-t-on fait à l'égard du prince Louis? on l'a revêtu d'une prérogative et d'un privilége qu'il ne réclamait pas.

Ce n'est pas moi qui viendrai me plaindre d'un bienfait qui a profité au prince ; mais quel en a été le résultat? on a placé sa vie à l'abri des dangers réels qu'il pouvait courir. Mais le bienfait n'a pas été complet. On a sauvé la vie au prince Louis, mais on lui a ôté les motifs d'y tenir. (Sensation.)

Quel a été le langage de l'accusation dans le procès de Strasbourg? Elle a dit que le prince était un insensé, qui était incapable d'exercer aucune espèce d'influence sur l'esprit d'hommes raisonnables.

On a dit qu'il n'était pas Français. Je ne veux pas faire parler ici les émotions du cœur ; mais je ne puis m'empêcher de faire un triste retour sur les choses humaines. Il m'est impossible de ne pas rappeler qu'en 1815 la famille Bonaparte a été proscrite. Exemple pour les peuples et pour les rois ; elle a été proscrite par la restauration, qui l'a été en 1830 elle-même, et, dans ce moment, proscrits et proscripteurs sont enveloppés dans une même proscription.... Voilà ce qui m'émeut. (Vive émotion dans toute l'assemblée.)

Que la raison d'état l'emporte, que le malheureux prince soit banni de son pays, si le repos public l'exige ; qu'il soit puni du crime de sa naissance ; mais ne dites pas qu'il n'est pas Français !

On a été plus loin : on a dit que, lorsqu'en 1831 et 1832, ce jeune homme, par des motifs que je ne veux pas juger, cherchait à replacer le fils de Napoléon sur le trône de France, qui n'était pas sa propriété, ni celle de personne, ce n'était pas en réalité pour Napoléon II qu'il travaillait, car il savait que son cousin était atteint d'une maladie mortelle.

Tout cela passera sous vos yeux, tout cela est consigné dans des réquisitoires fort utiles, sans doute, qui ont produit leur effet sur les juges, mais qui ont produit aussi leur effet sur le public.

Eh bien ! Laity a voulu, par sa brochure, prouver que le prince avait de la capacité, qu'au moins il était Français, qu'il était digne d'être Français, et tout prêt à être Français ; et qu'après tout, s'il avait échoué dans son entreprise, ce n'était pas faute de tête, de cœur, de prévoyance, mais parce que tous les événements de ce monde ne réussissent pas.

Il y avait donc nécessité, pour rétablir la vérité des faits, pour réhabiliter le prince, d'écrire cette relation.

Dans une telle circonstance, ne respecterez-vous pas le dévouement de Laity : nous sommes dans un siècle où les dévouements sont assez rares ! Laity a dit : Je fais le sacrifice de ma vie au prince ; pourquoi ? parce qu'il est malheureux et proscrit. Je veux qu'il soit connu de son pays comme il l'est de moi-même. Il ne s'agit plus de conspirer, de s'insurger de nouveau, de conquérir un trône ; il s'agit d'avoir le droit de vivre !..... (Sensation prolongée.)

Maintenant, suivons de plus près le ministère public :

J'ai lu avec soin l'acte d'accusation pour me faire une idée du système qui serait présenté par M. le procureur-général. Ce système n'a pas changé ; l'accusation est celle-ci : Je vous accuse d'avoir manifesté des idées, des sentiments de nature à exciter et à provoquer le crime que je vous reproche ; vous avez voulu amener un changement de dynastie en soutenant le droit héréditaire du prince Louis au trône de France.

L'introduction de la brochure proteste contre une pareille pensée, on y lit que si le prince pouvait avoir un droit héréditaire de ce genre, il le répudierait, parce qu'il le considère comme n'étant pas en harmonie avec les idées et les principes de notre époque.

_ On reproche à Laity de s'être approprié les conversations du prince et du colonel Vaudrey, mais ces conversations sont étrangères à Laity, et à peine, en les rapportant, laisse-t-il échapper quelques mots d'approbation.

On lui reproche aussi d'avoir conspiré en glorifiant la conspiration de Strasbourg. Je ne m'attendais guère à un reproche de cette nature, et je comprends difficilement comment
la glorification d'une insurrection peut être assimilée à une
insurrection nouvelle, alors surtout que l'homme qui a écrit
l'histoire de cette insurrection en a fait partie, et y a joué un
rôle. Entre glorifier et faire il y a une abîme immense que la
pensée ne saurait franchir. Il faut des faits, et ici, vous le
savez, l'accusation est dans l'impuissance d'en produire aucun, malgré les investigations les plus actives et les plus minutieuses.

L'accusation insiste principalement sur l'insertion dans la
brochure des proclamations du prince. Mais ces proclamations ont été publiées partout, elles ont été reproduites en
entier dans tous les journaux du temps; elles l'ont été seules,
isolées, avant même que le procès de Strasbourg eût été jugé,
à une époque, par conséquent, où l'effet pouvait être bien
plus dangereux qu'aujourd'hui.

Laity a reconnu lui-même, dit-on, que sa brochure consti-
tuait un délit. Il a dit que ce délit était évident, il l'a dit en
effet, mais il a ajouté que lorsqu'il paraîtrait devant ses juges, il présenterait ses observations, il défendrait ce qui exclut
le sens que l'on veut attacher à ses paroles. Le mot délit qui
lui est venu à la bouche, il l'a dit, mais il n'entendait certes
pas avouer une culpabilité contre laquelle il n'a cessé de protester.

Enfin, j'ai à dire un mot sur le serment. On s'écrie : Voyez,
ce jeune homme n'a pas même le respect vulgaire pour le
serment.

Cette question, Messieurs, n'est pas, quoi qu'on en dise,
très-délicate à traiter. Malheur à celui qui se joue du serment ! car le serment est l'expression de la conscience, et c'est
pour ainsi dire la communication entre l'homme et Dieu.

Mais est-ce la faute de ce jeune homme si le serment politique, ne lui apparaît pas sous la forme d'un engagement sacré, indissoluble ? Je ne fais aucune allusion je vous prie de
le croire. Je sais que le temps et les évènements sont plus
forts que les hommes, et qu'après tout nul ne relève en cela
que de sa conscience. Mais en vérité, voyez ! le serment a été

prêté par des hommes d'état, et je ne sais combien de fois il a été violé. Voyez ce que dit l'auteur de l'*Histoire de la Révolution* sur le serment politique, et vous jugerez si M. Laity a été excessivement coupable d'avoir pris au sérieux ce qu'un homme d'état, dont vous avez plus d'une fois applaudi les discours et la politique, n'a pas craint d'exprimer dans son *Histoire de la Révolution* :

« Les conseils saisirent l'occasion qu'allait leur offrir la célébration de l'anniversaire du 21 janvier pour mettre leurs membres suspects de royalisme (*c'était le crime de cette époque*) dans un pénible embarras. Ils proposèrent en effet, pour célébrer tous le 21 janvier, que ce jour-là chacun des membres des deux conseils et du directoire prêtât serment de haine à la royauté.

« Cette formalité du serment, si souvent employée par les partis, n'a jamais pu être regardée comme une garantie ; elle n'a jamais été qu'une vexation des vainqueurs qui se font un plaisir de forcer en vain les consciences. »

Le serment, Messieurs, je le sais, a son côté sérieux ; mais enfin vous serez indulgents pour des jeunes gens qui ont sucé ces principes dans des ouvrages qui sont dans toutes les mains et que je n'ai ni besoin, ni mission de défendre.

Je me suis demandé comment il se fait que la brochure incriminée ait donné lieu à la double accusation dirigée contre Laity? comment cette accusation a été portée devant la Cour des pairs?

Cette brochure n'a fait que reproduire les faits consignés dans deux écrits qui n'ont pas été poursuivis et qui présentent ces faits dans le même but, avec les mêmes circonstances.

D'où vient donc la susceptibilité du parquet? Quoi! c'est en 1838, au moment où les passions sont calmées, et où (que M. Laity me permette de le dire), sans la sollicitude du parquet, sa brochure serait restée tranquille sur vos bureaux, c'est ce moment que l'on choisit pour faire un semblable procès, surtout quand cette brochure se trouve reproduite presque en entier dans un autre ouvrage intitulé : *Le procès de Strasbourg*, et publié trois mois à peine après ce procès, et dans la *Nouvelle Minerve*, sans que l'un ni l'autre ait été poursuivi.

Ceci m'amène, Messieurs, à des réflexions que j'ai besoin de recommander à votre intelligence d'hommes d'état ; elles cloront ma discussion.

Une accusation du genre de celle qui nous occupe est l'œuvre du Ministère : nul ne peut le contester, cela ressort d'ailleurs des instructions données par le Gouvernement aux procureurs-généraux. Eh bien ! je me suis demandé quel pouvait être le but de ce procès. Je crois, Messieurs, qu'il est aussi de votre devoir de vous faire cette question. J'ai parcouru, pour y répondre, les diverses hypothèses qui se sont présentées à mon esprit, ne perdant pas de vue que je parle ici en avocat et non en législateur.

Je me suis donc d'abord dit : Il existe une lutte entre les hommes qui ont concouru aux lois de septembre. Cette lutte ne m'étonne pas ; elle doit vous étonner encore moins, les partis à l'état de paix se divisent volontiers. Le Ministère voudrait-il donner des gages à certaines exigences ? Je me borne à poser la question.

Voudrait-on obtenir de vous des gages pour l'avenir contre la famille des Napoléon ?

Voudrait-on exclure le prince Louis Bonaparte de la Suisse ?...

Au mot de proscription, j'ai déjà vu s'élever de généreuses sympathies, et il n'est pas un magistrat qui consentît, par un verdict de condamnation, à exclure le prince Louis de la Suisse. Si, en effet, la Suisse lui est enlevée, il ne lui reste plus que l'Angleterre, et, quoi qu'on dise de notre alliance avec l'Angleterre, je ne croirai jamais qu'un Napoléon puisse se trouver à l'aise sur le sol de la Grande-Bretagne.

Voudrait-on encore vous constituer juges permanents de la presse ? La question a déjà été soulevée, et je me contenterai, sur ce point, de vous renvoyer aux paroles d'un homme puissant par son expérience, par ses grandes idées de modération, qui est à la fois orateur, philosophe, législateur ; je veux parler de M. Royer-Collard.

Voudrait-on obtenir une condamnation pour la mettre en parallèle avec l'acquittement de Strasbourg ?

Ce serait encore là une entreprise désastreuse. Je l'ai dit, je le répète, toute pensée ayant pour but de vous assimiler, de près ou de loin, au jury, est une pensée coupable. Vous n'êtes pas au-dessous du jury, vous n'êtes pas au niveau du jury. Vous êtes, aux termes de la constitution, supérieurs à toute juridiction, et c'est pour cela que votre juridiction ne doit s'exercer que dans des circonstances rares et graves.

Voilà les motifs possibles de l'accusation portée devant vous.

Permettez-moi de vous dire maintenant un mot de vous-mêmes.

Quel moment a-t-on choisi pour vous convier à l'exercice de votre juridiction ? C'est la fin d'une session laborieuse et pleine de soucis ; c'est lorsqu'un conflit, très-légal sans doute, existe entre vous et la chambre des Députés à l'occasion de deux lois fort importantes sur l'armée et les finances ; lorsque ce conflit ne peut se vider avant six mois par des explications satisfaisantes ou par des rapprochements habilement ménagés.

Et à quelle occasion ? à l'occasion d'un procès, dont le nom de Napoléon fait en quelque sorte les honneurs. Que voulez-vous que dise le pays ? Ne pensera-t-on pas que le gouvernement se tient en garde contre le jury ? A-t-on réfléchi que le jury a déployé une certaine sévérité dans de récentes affaires ; ne croira-t-on pas que le nom de Napoléon exerce une influence immense sur l'esprit des citoyens qui composent le jury ? Or, voulez-vous frapper ce que le jury eût acquitté ? voulez-vous absoudre ce qu'il eût condamné. Est-il dans l'intérêt du pays que le jury pense d'une façon et la pairie d'une autre ?

Et de quelles lois vous demande-t-on l'application ? des lois de septembre, de lois nées de circonstances malheureuses, des excès de la guerre civile, de lois meurtrières contre la presse et méfiantes contre le jury.

De sorte que vous seriez en même temps en opposition ; apparente au moins, avec la chambre des députés, avec le jury, avec la presse, ces trois institutions les plus vivaces du pays.

Réfléchissez-y sérieusement, Messieurs : vous avez donné assez de gages d'attachement et de fidélité au pouvoir ; vous avez fait assez d'efforts, de sacrifices pour l'ordre public menacé : le moment n'est-il pas arrivé de donner quelques gages à la liberté !

Ce discours, écouté avec une grande attention, a paru produire une impression profonde sur l'assemblée.

LE PRÉSIDENT. — La parole est à M. le procureur-général pour sa réplique.

M. le procureur-général fait un signe indiquant qu'il renonce à la parole.

LE PRÉSIDENT. — L'accusé a-t-il quelque chose à ajouter pour sa défense?

LAITY. — Non, monsieur.

LE PRÉSIDENT. — Les débats sont clos. La cour ordonne qu'il en sera délibéré. Huissiers, faites évacuer les tribunes.

La cour entre en délibération secrète à quatre heures. A six heures 28 minutes, elle fait annoncer aux curieux qui attendent impatiemment au-dehors que son délibéré est continué au lendemain à une heure.

2ᵉ AUDIENCE. — 10 JUILLET.

Le délibéré de la cour est repris à midi et demi.

La cour rentre en séance publique à six heures 20 minutes.

L'accusé est absent. Les dispositions intérieures de la salle sont changées : le bureau du président a été rétabli à sa place ordinaire et aux deux côtés de M. Pasquier siégent les quatre commissaires instructeurs, MM. Decazes, Laplagne-Barris, Girod (de l'Ain) et Bastard.

Le président donne lecture de l'arrêt, ainsi conçu :

Vu l'arrêt du 28 juin dernier, ensemble l'acte d'accusation dressé en conséquence contre François-Armand-Ruppert Laity.

Ouï le procureur-général du Roi, en ses dires et réquisitions ; lesquelles réquisitions, par lui déposées sur le bureau de la cour et signées de lui, sont ainsi conçues :

« Le procureur-général près la cour des pairs,

» Attendu qu'il résulte de l'instruction et des débats que, par la publication de l'écrit intitulé : *Relation historique des événements du* 30 *octobre* 1836 ; — *le prince Napoléon à Strasbourg*, commençant par ces mots : *Vingt ans d'exil pesaient sur la famille de l'empereur*, et finissant, aux pièces justificatives, par ceux-ci : *Telle était ma manière de voir* ; ledit écrit imprimé et publié, François-Armand-Ruppert Laity s'est rendu coupable, dans le cours du mois de juin dernier.

» 1º **De** provocation à l'attentat ayant pour but de détruire et de changer le gouvernement ; ladite provocation non suivie d'effet ;

» 2º D'une attaque contre le prince ou la forme du gouvernement établi par la Charte de 1830, tels qu'ils sont définis par la loi du 29 novembre 1830 ; ladite attaque ayant pour but d'exciter à la destruction ou au changement du gouvernement ;

» Attendu que ces faits constituent les attentats à la sûreté de l'État, prévus et réprimés par les art. 1er et 5 de la loi du 9 septembre 1835, l'art. 1er de la loi du 17 mai 1819, l'art. 1er de la loi du 29 novembre 1830 et l'art. 87 du Code pénal ;

» Requérons qu'il plaise à la cour déclarer François-Armand-Ruppert Laity, coupable desdits attentats à la sûreté de l'État ; lui faire application des peines portées par les articles 1er et 5 de la loi du 9 septembre 1835, ci-dessus cités, et fixer, à raison des condamnations pécuniaires qui seraient prononcées, la durée de la contrainte par corps conformément aux articles 50 et 7 de la loi du 17 avril 1832 ;

» Fait à l'audience publique de la cour des pairs, le 9 juillet 1838.

» *Le procureur-général du Roi*,

» FRANK-CARRÉ. »

Après avoir entendu Laity, assisté de Mes Michel (de Bourges) et Delangle, ses défenseurs, dans leurs moyens de défense, et après en avoir délibéré ;

En ce qui touche les moyens d'incompétence proposés :

Vu l'art. 28 de la Charte constitutionnelle ainsi conçu :

« La chambre des pairs connaît des crimes de haute trahison et des attentats à la sûreté de l'État, qui seront définis par la loi. »

Vu les articles 1er et 5 de la loi du 9 septembre 1835, ainsi conçus :

« Art. 1er. Toute provocation, par l'un des moyens énoncés en l'art. 1er de la loi du 17 mai 1819, aux crimes prévus par les art. 86 et 87 du Code pénal, soit qu'elle ait été ou non suivie d'effet, est un attentat à la sûreté de l'État ;

« Si elle a été suivie d'effet, elle sera punie conformément à l'art. 1er de la loi du 17 mai 1819 ;

« Si elle n'a pas été suivie d'effet, elle sera punie de la détention et d'une amende de 10,000 à 50,000 fr.

« Dans l'un, comme dans l'autre cas, elle pourra être déférée à la chambre des pairs, conformément à l'art. 28 de la Charte.

« Art. 5. L'attaque contre le principe ou la forme du gouvernement établi par la Charte de 1830, tels qu'ils sont définis par la loi du 29 novembre 1830, est un attentat à la sûreté de l'Etat, lorsqu'elle a pour but d'exciter à la destruction ou au changement du gouvernement.

« Celui qui s'en rendra coupable sera jugé et puni conformément aux deux derniers paragraphes de l'art. 1er. »

Vu l'art. 87 du Code pénal, qui définit l'attentat dont le but sera, soit de détruire, soit de changer le gouvernement ou l'ordre de successibilité au trône, soit d'exciter les citoyens ou habitants à s'armer contre l'autorité royale ;

Attendu que le fait au sujet duquel la cour des pairs a été convoquée par l'ordonnance du roi du 21 juin dernier est qualifié d'attentat à la sûreté de l'Etat par les textes de loi sus-énoncés ;

Que dès-lors, aux termes de l'art. 28 de la Charte constitutionnelle, la cour des pairs peut en connaître ;

Attendu qu'il appartient à la cour des pairs d'apprécier si les attentats qui lui sont déférés rentrent par leur gravité et leur importance dans la classe de ceux dont elle doit se réserver la connaissance ;

Attendu que par son arrêt du 28 juin dernier la cour a déclaré que l'attentat à la sûreté de l'Etat, qualifié par le réquisitoire du même jour, présente les caractères de gravité qui doivent déterminer la cour à en demeurer saisie ;

Par les motifs énoncés audit arrêt

Dit qu'il n'y a lieu de s'arrêter aux moyens d'incompétence proposés.

Au fond :

Attendu que François-Armand-Ruppert Laity est convaincu d'avoir, dans le cours du mois de juin 1838, commis un attentat contre la sûreté de l'Etat, par l'impression, la publication et la distribution d'un écrit intitulé : *Relation historique des événements du* 30 *octobre* 1836 , commençant par ces mots : *Vingt ans d'exil pesaient sur la famille de l'empereur,* et finissant, aux pièces justificatives, par ceux-ci : *Telle était ma manière de voir ;* ledit écrit contenant : 1° une provocation, non suivie d'effet, au crime prévu par l'art. 87 du Code pénal ; 2° une attaque contre le principe ou la forme du gouvernement établi par la Charte de 1830, tels qu'ils sont définis par la loi du 27 novembre 1830, ladite attaque ayant pour but d'exciter à la destruction ou au changement du gouvernement.

Vu les art. 7, 20, 28, 29, 36, 47 du Code pénal et 26 de la loi du 26 mai 1819, ainsi conçus :

« Art. 7 du Code pénal. Les peines afflictives et infamantes, sont :

« 5° La détention.

« Art. 20. Quiconque aura été condamné à la détention, sera renfermé dans l'une des forteresses situées sur le territoire continental du royaume, qui aurait été déterminées par une ordonnance du roi, rendue dans la forme des réglements d'administration publique.

« Il communiquera avec les personnes placées dans l'intérieur du lieu de la détention ou avec celles du dehors, conformément aux réglements de police établis par une ordonnance du roi.

« La détention ne peut être prononcée pour moins de cinq ans, ni pour plus de vingt ans, sauf le cas prévu par l'article 33.

« Art. 28. La condamnation à la peine de la détention emportera la dégradation civique. La dégradation civique sera encourue du jour où la condamnation sera devenue irrévocable, et, en cas de condamnation par contumace ; du jour de l'exécution par effigie.

« Art. 29. Quiconque aura été condamné à la peine de la détention, sera de plus, pendant la durée de sa peine, en état d'interdiction légale ; il lui sera nommé un tuteur et un subrogé-tuteur pour gérer et administrer ses biens, dans les formes prescrites pour les nominations des tuteurs et subrogés-tuteurs aux interdits.

« Art. 36. Tous arrêts qui porteront la peine de la détention seront imprimés par extrait.

« Ils seront affichés dans la ville centrale du département, dans celle où l'arrêt aura été rendu, dans la commune du lieu où le délit aura été commis, dans celle où se fera l'exécution et dans celle du domicile du condamné.

« Art. 47. Les coupables condamnés aux travaux forcés à temps, à la détention et à la réclusion, seront, de plein droit, après qu'ils auront subi leur peine, et pendant toute la vie, sous la surveillance de la haute police.

« Art. 26 *de la loi du* 26 *mai* 1819. Tout arrêt de condamnation contre les auteurs ou complices des crimes et délits commis par voie de publication, ordonnera la suppression ou la destruction des objet saisis ou de tous ceux qui pourront l'être ultérieurement, en tout ou en partie, suivant qu'il y aura lieu par l'effet de la condamnation.

« L'impression et l'affiche de l'arrêt pourront être ordonnées aux frais du condamné.

« Ces arrêts seront rendus publics dans la même forme que les jugements portant déclaration d'absence. »

Déclare François-Armand-Ruppert Laity coupable d'attentat à la sûreté de l'État;

Crime prévu par les articles 1er et 5 de la loi du 9 septembre 1835, 1er de la loi du 29 novembre 1830 et 87 du Code pénal, déjà cités;

Condamne François-Armand-Ruppert Laity à cinq années de détention et à 10,000 fr. d'amende;

Ordonne qu'après l'expiration de sa peine il restera, pendant toute sa vie, sous la surveillance de la haute police;

Le condamne, en outre, aux frais du procès, desquels frais la liquidation sera faite conformément à la loi, tant pour la portion qui devra être supportée par le condamné que pour celle qui doit demeurer à la charge de l'État;

Ordonne la suppression et la destruction des exemplaires déjà saisis de la brochure intitulée *Relation historique des événements du* 30 *octobre* 1836, ainsi que de tous ceux qui pourront l'être ultérieurement;

Et, conformément aux dispositions des art. 7 et 40 de la oi du 17 avril 1832, fixe à une année la durée de la contrainte par corps qui pourra être exercée à raison des condamnations pécuniaires prononcées par le présent arrêt ;

Ordonne que le présent arrêt sera imprimé, publié et affiché partout où besoin sera, suivant le mode déterminé par la loi ;

Ordonne qne le présent arrêt sera exécuté à la diligence du procureur-général du roi, et qu'il sera lu et notifié au condamné par le greffier en chef de la Cour.

Fait et prononcé, le mardi 10 juillet 1838, à l'audience publique de la Cour, ou étaient présents et siégéaient :

M. le baron Pasquier, chancelier de France, président,

MM. le duc de Mortemart, le duc de Choiseul, le duc de Montmorency, le comte Klein, le duc de Castries, le duc de La Trémoille, le duc de Caraman, le marquis de Louvois, le comte Ricard, le baron Séguier, le comte de Noé, le duc de Massa, le duc Decazes, le comte d'Argout, le comte Claparède, le marquis de Dampierre, le vicomte d'Houdetot, le baron Mounier, le comte Mollien, le comte Reille, le comte de Sparre, l'amiral comte Truguet, le comte de La Villegontier, le marquis d'Aramon, le comte de Germiny, le comte de Bastard, le marquis de Pange, le comte Portalis, le duc de Praslin, le duc de Crillon, le duc de Coigny, le comte Siméon, le comte Roy, le comte de Vaudreuil, le comte de Tascher, le maréchal comte Molitor, le comte de Breteuil, le vicomte Dode, le vicomte Dubouchage, le comte Davoust, le comte de Boissy-d'Anglas, le duc de Noailles, le marquis de Laplace, le duc de La Rochefoucauld, le comte de Sainte-Aulaire, le marquis de Crillon, le duc de Richelieu, le duc de Bassano, le comte de Bondy, le comte de Cessac, le baron Davillier, le comte Gilbert de Voisins, le prince de Beauvau, le comte d'Anthouard, le comte Exelmans, le vice-amiral comte Jacob, le comte Pajol, le vicomte Rogniat, le comte Perregaux, le duc de Gramont Caderousse, le vice-amiral comte Emériau, le baron de Lascours, Girod (de l'Ain), Bertin de Vaux, Besson, le président Boyer, le vicomte de Caux, Cousin, le comte Dutaillis, le baron de Fréville, Gautier, le comte Heudelet, le baron Malouet, le comte de Montguyon, le baron Thénard, Tripier, Villemain, le baron Zangiacomi, le comte de Ham, le baron de Mareuil, le comte Bérenger, le comte de Nicolaï, Félix Faure, le comte de Labriffe, le comte Daru, le comte Baudrand, le baron Neigre, le baron Saint-Cyr-Nugues, le baron Lallemand, le baron Duval, le comte de Beaumont, le baron Brayer, le maréchal comte de Lobau, le baron de Reinach, le comte de Saint-Gricq, le comte d'Astorg, de Gasparin, le baron Brun de Villeret, de Cambacérès, le vicomte de Chabot, le comte Corbineau, le baron Feutrier, le baron Fréteau de Peny, le marquis de La Moussaye, le comte Pernety, le comte de La Riboisière, le marquis de Rochambeau, le comte de Saint-Aignan, le vicomte Siméon, le comte de Rambuteau, de Bellemare, le baron de Morogues, le baron Voysin de Gartempe, le marquis d'Andigné de la Blanchaye, le marquis d'Audiffret, le comte de Monthion, le marquis de Belbeuf, Bessières, le baron Bignon, le marquis de Chanaleilles, Chevandier, le baron Darriule, Deforest de Quartdeville, le baron Delort, le comte Durosnel, le marquis d'Escayrac de Lauture, le vicomte d'Abancourt, Kératry, le comte d'Audenarde, le vice-amiral Halgan, Mérilhou, le comte de Mosbourg, Odier, Paturle, le baron Pelet, le baron Pelet (de la Lozère), Périer, le baron Petit, Poisson, le baron de Schonen, le chevalier Tarbé de Vauxclairs, le vicomte Tirlet, le vice-amiral Willaumez, le baron de Gérando, le baron Rohault de Fleury, Laplagne-Barris, Rouillé de Fontaine, le vicomte Sébastiani, le comte Harispe,

Lesquels ont signé avec le greffier en chef.

Cette liste est la même que celle des membres qui ont assisté à la séance d'hier, sauf que trois membres présents hier n'ont pas pris part aujourd'hui à l'arrêt. Ces trois absents sont M. le duc de Praslin, M. de Guéheneuc et M. de Préval.

IMPRIMERIE DE MADAME PORTHMANN,
rue du Hasard-Richelieu, 8.

12 Sous le Volume (*).

RÉVOLUTION DE 1830

EXPLIQUÉE ET ÉCLAIRÉE PAR LES RÉVOLUTIONS DE 1789, 1792,
1799 ET 1804 ET PAR LA RESTAURATION;

Par CABET,

DÉPUTÉ DE LA CÔTE-D'OR; -

2 Vol. in-12, formant 510 pages, plus d'un million
de lettres,

IMPRIMÉS EN CARACTÈRES NEUFS SUR BEAU PAPIER.

5me ÉDITION.

Poursuivi lors de sa première publication avec une
violence extrême, l'ouvrage de M. Cabet, acquitté
par le jury, obtint bientôt un immense succès. Trois
éditions successives tirées ensemble à plus de *vingt
mille exemplaires*, ont donné à ce livre, le plus
riche en faits et en documents, le seul complet qui
ait été écrit sur la révolution de 1830, une publicité
qui nous dispense de faire ressortir la vérité des principes qu'il renferme et l'importance des faits et des
révélations qu'il contient; un court extrait de la table
des matières le fera suffisamment connaître.

(*) L'acquisition que nous venons de faire de la succession de
M. Deville-Cavellin, notre ancien associé pour la publication de
l'ouvrage de M. CABET, de tous les exemplaires qui restaient de
la 3e édition, nous permet d'en réduire le prix de 1 fr. 75 à 1 fr. 20.

Extrait de la Table des matières.

PREMIÈRE PARTIE.

Il reste encore quelques exemplaires de la belle édition en 1 vol. in-8. Prix. . 3 fr. au lieu de 4.

A PARIS, CHEZ **PAGNERRE**, ÉDITEUR,

Rue de Seine, 14 bis.

Imprimerie de Madame PONTHMANN, rue du Hasard-Richelieu, 8.

PAGNERRE, *éditeur, rue de Seine,* **14 bis.**

PARIS

RÉVOLUTIONNAIRE

PUBLICATION NOUVELLE ET POPULAIRE.

Prix : { **1 fr. 25 la livraison.**
{ **9 fr. l'ouvrage complet.**

prospectus.

Le succès qu'obtint, il y a quelques années, cette publication importante à laquelle toutes les notabilités de la démocratie ont voulu concourir, fut grand et même éclatant pour l'époque, mais ne fut pas toutefois un succès populaire. Il avait trouvé ses bornes dans le prix élevé auquel les éditeurs avaient dû forcément établir leurs livraisons pour couvrir les frais d'une fabrication matérielle extrêmement soignée ; leurs sacrifices en ce genre eurent cet inconvénient fâcheux, que des milliers d'acheteurs à qui *Paris révolutionnaire* s'adressait tout spécialement, ne purent alors se le procurer ; car c'est surtout dans le peuple que les petites bourses sont les plus nombreuses.

En annonçant une nouvelle publication de *Paris révolutionnaire* avec une considérable diminution de l'ancien prix, nous n'annonçons pourtant pas la moindre diminution de soins et de luxe matériels, cette même beauté de fabrication, combinée avec l'attrait du bon marché et les facilités qui résulteront de la périodicité avantageuse de nos livraisons, nous a présenté la chance assurée d'un succès assez étendu pour concilier nos intérêts et ceux des nouveaux souscripteurs du *Paris révolutionnaire.* Mais pour compter sur un pareil succès, nous avons encore d'autres raisons plus sûres et d'une nature très-encourageante pour nous, puisqu'elles sont tirées de l'immense progrès que l'esprit démocratique a fait depuis deux ans, et auquel nos précédentes publications ne peuvent avoir été tout-à-fait étrangères.

Et qu'on ne s'y trompe pas, en effet ! l'esprit démocratique est aujourd'hui incomparablement plus fort et plus étendu qu'à l'époque où *Paris révolutionnaire* fut publié pour la première fois. Alors, tout nouvellement représenté dans la presse et fomenté par quelques hommes énergiques dans les sociétés populaires ; plus soucieux de se concentrer que de s'aggrandir, on le voyait trop souvent dissiper en luttes matérielles des forces à peine acquises ; il agissait plus qu'il ne pensait ; il combattait et lisait peu. Depuis, il a dû changer son mode de propagande ; plus puissant, sinon dans la presse périodique, du moins dans les livres, il est sorti des sociétés et des clubs pour se mêler à la grande société du dehors et élargir indéfiniment la base de ses conquêtes.

C'est grâce à cette modification, ou, si l'on veut, à ces vicissitudes de la démocratie que nous avons pu) sans mécompte, publier à un nombre prodigieux d'exemplaires les pamphlets de M. Cormenin, les livres de M. Lamennais, l'*Almanach populaire*, le *triple Liégeois*, et tant d'autres opuscules moins célèbres, composés pour la même cause. C'est grâce à de pareils succès qui, tout en prouvant le progrès, le produisaient encore, que nous avons cru pouvoir entreprendre, non seulement de publier de nouveau *Paris révolutionnaire*, mais encore de rendre populaire ce bel ouvrage, tel qu'il avait été traité par les premiers éditeurs. Quelque luxe, d'ailleurs, et nous l'avons compris comme eux, était nécessaire à une semblable publication, il était bienséant de faire honneur aux noms qui figurent dans cette galerie où tout écrivain patriote a voulu exposer, soit un échantillon de son talent, soit une profession de ses principes, et quelquefois de ses passions politiques.

Paris révolutionnaire est, de toutes les publications collectives, la plus riche et la plus variée, on y trouvera, pour le fond, toutes les grandes questions sociales traitées avec clarté et résolues en faveur de la démocratie; pour la forme, l'histoire, la nouvelle, le drame, la satyre, etc., toutes œuvres concluant de même, en dernière analyse, toutes apportant, par des chemins divers, des arguments à la même cause.

Enfin, nous croyons résumer les nombreuses qualités qui recommandent *Paris révolutionnaire*, en donnant ici la liste des noms qui brillent dans cette grande exhibition de la littérature démocratique.

NOMS DES AUTEURS DE PARIS RÉVOLUTIONNAIRE.

Et. et J. Arago, Altaroche, Marie Aycard, Hipp. Auger, Maur. Alhoy, H. Bonnias, Eug. Bondas, Raym. Brucker, Eugène Briffault, G. Cavaignac, Cormenin, Caffe, F. Degeorge, L. Desnoyers, E. Duchatelet, Dufey (de l'Yonne), H. Fortoul, Fontan, Flottard, B. Hauréau, Laponneraye, L. Lurine, Saint-Germain Leduc, A. Luchet, A. Marrast, H. Martin, C. Ménétrier, Ottavi, B. Pance, F. Pyat, Raspail, Trélat.

PRIX ET CONDITIONS DE LA NOUVELLE PUBLICATION.

PARIS RÉVOLUTIONNAIRE forme 4 beaux et forts volumes in-8, divisés en 8 livraisons ou *demi-volumes*, qui paraîtront successivement — une par semaine — le dimanche.

Chaque livraison brochée, contenant de 225 à 250 pages, coûtera

Un franc 25 centimes.

PARIS RÉVOLUTIONNAIRE étant entièrement terminé, on pourra retirer les 8 livraisons en une seule ou plusieurs fois. Pour ceux qui prendront l'ouvrage complet en une seule fois et avant le 1er juin, le prix est fixé à

9 francs les 4 volumes,

Brochés, avec couvertures imprimées.

Imprimerie de madame PORTHMANN, 8, rue du Hasard-Richelieu.

www.ingramcontent.com/pod-product-compliance
Lightning Source LLC
Chambersburg PA
CBHW052039270326
41931CB00012B/2560